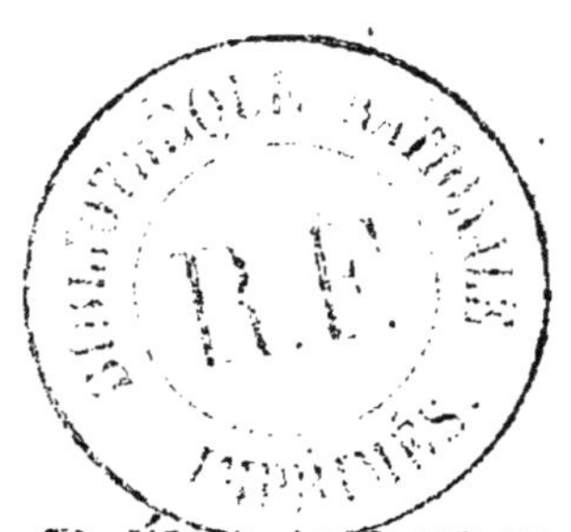

LES
DÉSASTRES DE PARIS

ORDONNÉS ET CAUSÉS

PAR

LA COMMUNE

PENDANT LA SECONDE QUINZAINE DE MAI 1871

LES DÉSASTRES DE PARIS

ORDONNÉS ET CAUSÉS

PAR

LA COMMUNE

DANS LA SECONDE QUINZAINE DE MAI 1871

PUBLIÉS DANS LE JOURNAL **LE MONITEUR UNIVERSEL**

PAR

JOHN MOTTU

PARIS

CHEZ L'AUTEUR, 17, QUAI VOLTAIRE
ET A LA LIBRAIRIE INTERNATIONALE
15, BOULEVARD MONTMARTRE, ET 13, FAUBOURG MONTMARTRE
A. LACROIX, VERBOECKHOVEN ET Cie, EDITEURS
A Bruxelles, à Leipzig et à Livourne
1871

—

LES
DÉSASTRES DE PARIS

PREMIÈRE PARTIE

Les désastres de Paris, causés par les insurgés de la Commune pendant la deuxième quinzaine de mai 1871 sont déjà assez grands pour qu'il ne faille pas encore les exagérer.

Cependant plusieurs journaux, sous la légitime émotion du premier moment, ont exagéré les incendies et destructions, de sorte que les étrangers qui arrivent à Paris croient trouver une ville en ruines, et sont fort étonnés, suivant le parcours qu'ils ont à faire depuis les gares d'arrivée, de trouver des quartiers intacts, sans aucune trace d'incendie ou de projectile.

Désirant faire connaître l'état aussi exact que possible des ruines laissées par la Commune, j'ai parcouru successivement tous les quartiers de Paris; c'est le résultat de cette inspection consciencieuse que je viens mettre sous les yeux des nombreuses personnes qui visiteront les rues désolées de la capitale.

Les spectateurs des tristes événements de mai liront volontiers sans doute un résumé sérieux et fait *de visu*.

Paris a beaucoup souffert ; mais ses pertes, en dehors des monuments, sont relativement faibles à côté de celles de Neuilly, qui est détruit presque entièrement.

Les désastres y sont si grands qu'il faut les avoir vus pour croire la description qui en sera faite.

Paris compte 1,978 rues,

   357 passages, ruelles,
   252 impasses,
    80 cités,
    69 chemins,
   101 avenues,
    81 boulevards,
    46 quais,
    27 ponts,
   167 places,
    8 carrefours,
    18 squares.

Le nombre des rues, places, carrefours, quais, boulevards, où se trouvent des maisons incendiées totalement ou partiellement et des maisons ayant des détériorations par projectiles entraînant des reconstructions, s'élève à environ 85.

Le nombre des maisons et monuments incendiés ou détériorés dans ces quatre-vingt-cinq rues est de 238, non compris les dommages aux portes Maillot, des Ternes et d'Auteuil qui, avec Neuilly, font l'objet d'un examen spécial.

———

Nous commencerons notre visite des rues incendiées par :

RUE BOISSY-D'ANGLAS. — Le nº 24, à l'angle de la rue du

Faubourg-Saint-Honoré, a beaucoup souffert des projectiles, et le n° 31, magnifique maison, a été complétement incendié dès le rez-de-chaussée.

RUE DU FAUBOURG-SAINT-HONORÉ, n°s 1, 2, 3 incendiés complétement.

RUE SAINT-HONORÉ, n°s 422, 424 incendiés.

RUE ROYALE, n°s 15, 16, 17, 19, 21, 23 incendiés entièrement. N° 27, BRASSERIE AUTRICHIENNE, à l'angle du côté de la Madeleine, a beaucoup souffert par la quantité de projectiles qu'elle a reçus.

BOULEVARD MALESHERBES a été épargné par les incendiaires, mais plusieurs maisons où s'étaient réfugiés les insurgés ont particulièrement souffert par l'espèce de siége qu'elles ont soutenu; de ce nombre sont les n°s 4, 7, 11, 19, 33. Le n° 19 est criblé de balles, ainsi qu'un drapeau américain qui était à l'une des fenêtres du 4° étage.

L'ÉGLISE SAINT-AUGUSTIN, LA MADELEINE, ont reçu quelques projectiles, mais il n'y a pas de dégâts sérieux et aucune statue n'a été brisée.

BOULEVARD DES CAPUCINES. — Le n° 43, MAISON A. GIROUX a tant reçu de balles qu'elle paraît avoir été assiégée.

PLACE DE LA CONCORDE — Des huit statues qui ornent cette place, LA VILLE DE LILLE est la seule qui ait été détruite par la trop fameuse barricade de la rue de Rivoli. Quelques colonnes à gaz, la fontaine du côté du pont de la Concorde, une partie des balustrades en pierre ont des dégâts regrettables, mais facilement réparables.

L'OBÉLISQUE a échappé à la destruction *communeuse*, et des quatre beaux chevaux qui ornent l'entrée des Champs-Elysées et du Jardin des Tuileries, ces derniers ont eu seulement, l'un la queue emportée, et l'autre une détérioration aux pieds, qui est déjà réparée.

LE CORPS LÉGISLATIF a reçu quelques projectiles; toutes les statues qui entourent la grille sont restées intactes.

BOULEVARD SAINT-GERMAIN — La belle maison formant l'angle du quai d'Orsay, où se trouve LE CERCLE AGRICOLE, a reçu plusieurs obus qui l'ont endommagée.

RUE DE LILLE. — C'est, sans contredit, le quartier qui a le plus souffert, et si les insurgés en avaient eu le temps, ils auraient fait subir le même sort à tout le faubourg Saint-Germain.

C'est par le PALAIS DE LA LÉGION D'HONNEUR qu'ils ont commencé leur rôle d'incendiaires; ce palais, ainsi que celui DU CONSEIL D'ÉTAT, LA CAISSE DES CONSIGNATIONS, ont été entièrement détruits par les flammes.

LA CASERNE DU QUAI D'ORSAY n'a qu'une faible partie incendiée.

Les n°s 27, 37, 39, 41, 43, 45, 49, 51, 53, 55, 57, 61, 63, 65, 67, 69, 81, 83, 85, ce dernier ARCHIVES DE LA COUR DES COMPTES, sont complétement incendiés et pour la plupart écroulés; il en est de même des n°s 48, 50, 52. Le n° 74 a seulement la toiture brûlée.

Chose remarquable, le n° 47, au centre du foyer de l'incendie, a échappé comme par miracle, ainsi que le n° 59 à l'angle de la rue de Poitiers.

Contre le mur du n° 47 on voit encore pendu à la cheminée de la cuisine du 4e étage du n° 49 un superbe jambon, et des pendules sont sur les cheminées des 3e et 4e étages.

RUE DU BAC. — Les n°s 4, 5, 6, 7, 9, 11 et 13 sont incendiés et écroulés. Les n°s 56 et 62 ont beaucoup souffert, et les n°s 58, 60 et 64 ont aussi reçu bien des projectiles.

RUE DE SÈVRES. — Le n° 2, formant l'angle du carrefour de la Croix-Rouge, est tout incendié, et le n° 14 est fort endommagé par les projectiles.

RUE DE GRENELLE-SAINT-GERMAIN. — N° 1, *hôtel de Nevers*, incendié. Les n°s 3 et 34 ont reçu des projectiles.

QUAI VOLTAIRE. — Commencement d'incendie du n° 13,

propriété du *Moniteur universel*. Les n°ˢ 7, 15 et 17 ont reçu quelques obus.

RUE DE RIVOLI. — Cette rue, par les monuments qui s'y trouvent, est celle qui attire le plus de visiteurs.

LE MINISTÈRE DES FINANCES est complétement incendié et écroulé, tous les matériaux des murs intérieurs sont calcinés.

LES TUILERIES, du guichet de l'Échelle au pavillon Marsan, de celui-ci au pavillon de Flore, ne sont que des ruines dont on ne pourra guère tirer parti.

Par contre, le pavillon de Flore et les bâtiments neufs allant jusqu'au magnifique passage, en face du pont des Saints-Pères, sont presque intacts; les toitures et quelques pièces des appartements du *prince impérial* sont seuls endommagées.

Les sculptures, statues, groupes et ornements de ces superbes bâtiments n'ont nullement souffert, et les appartements situés au-dessous des combles n'ont pas cessé d'être habités depuis la défaite des insurgés.

L'explosion du pavillon de l'Horloge a eu lieu le mardi 23 mai à onze heures quarante-sept minutes; l'horloge venait de frapper les trois quarts et a continué à sonner jusqu'à minuit et demi. Cette horloge, qui a sonné tant d'heures de joie et marqué tant d'heures d'angoisses, a frappé pour la dernière fois le mercredi 24 mai à minuit et demi.

Au moment de l'explosion qui a eu lieu au milieu du plus profond silence, les gardes nationaux étant fort peu nombreux, les flammes se sont immédiatement élevées à une hauteur de plus de quarante mètres au-dessus des toits des Tuileries. C'était un spectacle magnifiquement horrible à voir et dont j'ai été spectateur, étant sur le balcon d'une maison de la rue de l'Échelle, à côté du guichet de l'entrée du palais, où je m'étais réfugié, fuyant les incendies du quartier de la rue de Lille.

LE PAVILLON DU LOUVRE, où se trouvait la bibliothèque, a été totalement incendié, mais l'intérieur seul a souffert; les 80,000 volumes ont été la proie des flammes, et c'est à l'ingénieur de la Commune qui avait la direction du Louvre et des Tuileries qu'on doit la conservation des riches galeries du palais; il avait coupé lui-même les fils qui devaient amener la destruction totale.

LE PALAIS-ROYAL, proprement dit, l'habitation du *prince Napoléon*, a un quart d'incendié, soit l'aile droite sur la rue de Valois : huit fenêtres en profondeur; quatre sur la face donnant sur la place et la façade principale sur la cour d'honneur sont entièrement brûlées.

L'aile gauche du côté du Théâtre-Français et les grands appartements sur la seconde cour, jusqu'à la galerie d'Orléans, sont intacts.

L'ÉGLISE DE SAINT-GERMAIN-L'AUXERROIS et LA MAIRIE DU 1er ARRONDISSEMENT sont criblées de balles, mais n'ont pas de dégâts trop regrettables.

Les peintures sous les portiques de l'église sont conservées.

LE PAVILLON DE CHARLES IX, AU LOUVRE, a reçu de nombreux projectiles, mais heureusement dans les parties de grosse maçonnerie.

PLACE DU LOUVRE. — Le n° 1 a souffert de l'incendie des maisons voisines.

RUE DU LOUVRE. — Nos 6 et 8 incendiés, le second complétement.

RUE DE RIVOLI. — Nos 91 et 93, entièrement incendiés; ce dernier était fort connu des consommateurs de l'*eau de Botot :* c'était là le siége de cette importante maison.

Le n° 79, également tout brûlé, contenait les vastes magasins de la *Société hygiénique.*

Les nos 33, 35, 37, 39, 80, 82, 84, 86 sont complétement incendiés, ainsi que les nos 98 et 100. Ce dernier touche aux grands magasins de PYGMALION, qui forme le nº 102. Le feu s'est arrêté à sa porte et l'a complétement respecté.

RUE SAINT-MARTIN. — Les nᵒˢ 8, 10, 12, 16, 18 ne sont plus que des ruines incendiées, sauf le nº 18 qui a eu ses étages supérieurs épargnés.

BOULEVARD SÉBASTOPOL. — Les nᵒˢ 9, 11, 13, entièrement brûlés et en ruines; ce dernier, continuation des MAGASINS DE PYGMALION.

RUE SAINT-BON. — Les nᵒˢ 1 et 3 ont été la proie des flammes.

RUE DE LA TACHERIE. — Les nᵒˢ 2, 4, 7, 8 et 10 sont complétement incendiés. Le nº 5 a seulement le 4ᵉ étage et la toiture incendiés.

RUE DE LA COUTELLERIE. — Nº 2, brûlé dès le second étage, sauf l'angle, où le café n'a jamais cessé d'être ouvert. Les nᵒˢ 3 et 5 sont incendiés.

AVENUE VICTORIA. — Les nᵒˢ 2, 3, 4, 5, 6, incendiés.

PLACE DE L'HOTEL-DE-VILLE. — Nº 3, dépendance de la préfecture, toiture brûlée. Nº 7, incendié. Nº 9, autre dépendance, incendiée; le rez-de-chaussée seul est intact, ainsi que le nº 11.

HOTEL-DE-VILLE. — Ce magnifique monument est la perte la plus regrettable de tous les désastres du 24 mai, non-seulement pour ses constructions, mais surtout pour les richesses historiques qui ont été la proie des flammes. Les statues de ce palais ayant peu souffert, ainsi que les colonnes de la *façade est,* toutes ces pièces pourront servir dans sa reconstruction.

LA MAIRIE DU 4ᵉ ARRONDISSEMENT a sa partie du côté de la rue Vieille-du-Temple incendiée; la façade principale et les côtés *sud* et *nord* n'ont reçu que des projectiles; il en est de même de la caserne Napoléon, fortement endommagée dans l'angle *nord-ouest.*

QUAI LE PELLETIER, maintenant QUAI DE GÈVRES, nᵒˢ 2, 4, 6, tout incendiés.

THÉATRE-LYRIQUE, complétement brûlé depuis le centre jusque sur le derrière; mais la façade principale est intacte.

LE SUPERBE PALAIS DE JUSTICE a été plus épargné qu'on ne pouvait l'espérer en le voyant la proie des flammes.

Tous les bureaux de L'ÉTAT CIVIL, en entrant dans la grande cour à gauche, ont été incendiés, ainsi que le PARQUET DU PROCUREUR DE LA RÉPUBLIQUE et les CABINETS DES JUGES D'INSTRUCTION, qui se trouvaient au-dessus.

Le grand escalier conduisant à la GALERIE dite de la SAINTE-CHAPELLE a été sauvé, ainsi que cette galerie.

LES DEUX CHAMBRES CORRECTIONNELLES sont incendiées.

LES SIX CHAMBRES DU TRIBUNAL CIVIL, LES QUATRE CHAMBRES DE LA COUR sont conservées.

LA SALLE DES PAS-PERDUS est brûlée, ainsi qu'une partie du PARQUET DU PROCUREUR GÉNÉRAL.

LA BIBLIOTHÈQUE DES AVOCATS est en partie brûlée : 20,000 volumes ont été consumés et 10,000 ont pu être sauvés.

LES DEUX SALLES D'ASSISES, incendiées.

LA CHAMBRE DES REQUÊTES DE LA COUR DE CASSATION est intacte, et la BIBLIOTHÈQUE DE LA COUR a été sauvée comme par miracle ; les engins de destruction avaient été placés au centre de la salle ; ils ont brûlé le parquet et les tables, mais, la salle étant hermétiquement fermée, le feu ne s'est pas propagé et pas un seul volume n'a été atteint.

Tout le reste de la cour de cassation a été la proie des flammes.

LA SAINTE-CHAPELLE, qui n'a pas même de vitres brisées, a été conservée grâce au vent du nord, qui soufflait avec assez de violence. On comprendra facilement que, sans cette heureuse circonstance, elle n'aurait pas pu échapper au désastre, l'incendie dévorant les bâtiments qui se trouvaient à peine à huit mètres de distance.

Les flammes, qui ont endommagé la partie droite de la toiture du bâtiment principal de la grande cour, n'ont également pas pu l'atteindre, ayant été arrêtées par la coupole du pavillon central, qui n'a pas souffert.

LA TOUR DE L'HORLOGE, à l'angle du Palais-de-Justice, l'admirable horloge et son superbe cadran sont intacts.

La conservation de la *Sainte-Chapelle* et du *Louvre* était ce qu'on pouvait désirer de plus heureux; leur perte aurait été irréparable.

LA NOUVELLE PRÉFECTURE DE POLICE est intacte dans ses parties sur le quai des Orfévres et du côté de la place Dauphine, l'aile seule du côté du quai et touchant à la cour de cassation a été la proie de l'incendie.

QUANT AUX BATIMENTS DE L'ANCIENNE PRÉFECTURE, ils ont été incendiés.

ÉGLISE DE SAINT-EUSTACHE. — L'angle de la rue Montmartre est fortement endommagé par les projectiles, et le clocher de l'horloge est détruit.

RUE MONTORGUEIL, n° 1. — LE CAFÉ DE LA PLACE SAINT-EUS-TACHE est très-endommagé par les projectiles.

LES HALLES CENTRALES sont percées à jour, il y a beaucoup de verres et de palettes à remplacer, dégâts fort légers; il aurait pu arriver un plus grand malheur à ce quartier : la perte de son bon curé; mais, grâce au courage des DAMES DE LA HALLE, inspiré par leur affection pour leur digne pasteur, cette victime désignée par les féroces communeux a été épargnée. Cette délivrance, dans les circonstances où elle s'est opérée, honore autant celles qui en ont pris l'initiative que celui qui en a été l'objet.

RUE DE RIVOLI. — N° 10, au coin de la rue Pavée-au-Marais, le PARADIS-DES-DAMES a de forts dommages causés par les projectiles.

RUE SAINT-ANTOINE. — Cette rue n'a pas eu d'incendies, mais de très-nombreux projectiles l'ont endommagée. Nous citerons les n°ˢ 148, 156, 158, 168, 172, déjà réparés, et les n°ˢ 178, 180, 182, 184, 212, ce dernier à l'angle de la rue du Petit-Musc, ANCIEN HÔTEL DE MAYENNE, DE VAUDE-

MONT ET D'ORMESSON. Les n°s 214, 218, 222, GRANDE DISTILLERIE MARCHAND, 232, 234, 236, 199 et 201.

LE TEMPLE PROTESTANT, à l'angle de la rue Castex, a reçu de nombreux projectiles jusqu'au clocher.

PLACE DE LA BASTILLE. — N° 5, à l'angle de la rue Saint-Antoine, AUX PHARES DE LA BASTILLE, superbe maison, a été bien détériorée par les projectiles.

Le n° 11 est incendié et entièrement écroulé.

Les n°s 6, 8, 10 et 12 sont incendiés et écroulés.

Le n° 14 détruit par projectiles.

Le n° 4, ainsi que l'angle de la gare de Vincennes, sont endommagés.

COLONNE DE LA BASTILLE. — Le granit du piédestal, côtés *sud* et *nord*, et les corniches en roc sont brisés par les obus et mitrailleuses de l'armée.

Vingt-cinq trous de projectiles, probablement *mitrailleuses américaines*, ont percé la colonne du *côté sud*, sur lesquels douze sont ressortis du *côté du nord*.

Le lion du *côté ouest* est percé à la crinière.

RUE DE LA CERISAIE et PLACE DE L'ARSENAL. — Les beaux bâtiments où se trouvait installée la direction de l'artillerie sont complétement incendiés, tant du côté de la place que sur le boulevard Bourdon.

BOULEVARD BOURDON. — *Le Grenier d'abondance*, cet immense bâtiment ayant environ 370 mètres de longueur, a été entièrement la proie des flammes avec toutes les marchandises qu'il contenait.

Une petite maison au bord du quai a été détruite.

BOULEVARD DE LA CONTRESCARPE. — Le n° 48, angle de la rue Biscornet, a été détérioré.

Le n° 42 a la toiture brûlée et les n°s 2 et 4, le premier, *Café du Pont d'Austerlitz*, sont incendiés ainsi que plusieurs bicoques dans les cours derrière.

PLACE MAZAS. — Le n° 2, *Pavillon d'Austerlitz*, maison

Trouseau, ne peut plus recevoir noces et baptêmes, servir festins et matelottes : il est tout incendié.

QUAI DE LA RAPÉE. — Le n° 102, *Café du Pont d'Austerlitz*, est incendié; n° 100 détruit par les projectiles.

Le n° 96, angle rue Lacuée, incendié.

Le n° 90, angle boulevard Mazas, incendié.

Le n° 88, incendié et démoli par obus.

Le n° 84, démoli par obus.

Les n°ˢ 82, 80, 68, 62, fortement détériorés; ce dernier est le grand dépôt des *Forges de Châtillon et Commentry*.

BOULEVARD DE BERCY. — Rien à signaler sur ce boulevard, qui n'est pas endommagé.

PLACE DE LA NATIVITÉ A BERCY. — *Mairie du XIIe arrondissement* et *Eglise de Bercy*. — La mairie est complétement incendiée, les caves et le rez-de-chaussée pourront être conservés pour la reconstruction. L'intérieur de l'église est calciné, mais les murs, clocher, horloge sont conservés, et sauf deux encadrements de fenêtres, il n'y a pas de maçonnerie à refaire.

PORT DE BERCY. — Le n° 4 a reçu des projectiles.

Le n° 10, *hôtel des Deux Perdrix*, a le deuxième étage incendié, et les n°ˢ 12 et 13, *maison Buffier*, le sont complétement.

RUE TRAVERSIÈRE. — N° 1, entièrement brûlé et écroulé.

RUE LACUÉE, n°ˢ 2, 4 et 6, incendiés et écroulés.

BOULEVARD MAZAS. — Le n° 1, grande maison, est criblé de projectiles et incendié; n°ˢ 4, 5 et 40, tout incendiés.

L'aile de *la gare de Lyon* où se trouve le *service central de l'exploitation* est incendiée dès le second étage.

Les n°ˢ 28 *bis*, 30, 32, 34, 35, ont reçu beaucoup de projectiles, principalement le dernier, qui se trouve à côté du pont du chemin de fer.

RUE DES TERRES-FORTES. — N°ˢ 15 et 17, tout incendiés.

RUE DE LYON. — N°ˢ 45 et 47, entièrement brûlés.

RUE DE CHARENTON. — N° 4, incendié, et bien des projectiles dans plusieurs maisons.

RUE DU FAUBOURG-SAINT-ANTOINE. — N° 2, complétement brûlé, formant l'angle n° 1 rue de Charenton.

RUE DE CHARENTON. — Les n°s 4 jusqu'à 50 sont criblés de balles, principalement le *Passage de la Boule-Blanche.* — N°s 154, 158, 231, très-endommagés, ainsi que plusieurs autres.

RUE DE LA ROQUETTE. — N°s 1, 3, 5, 7, 9, 11, 13, 15, 17 sont incendiés et écroulés.

Les n°s 18, 20, 22, 24 ont été incendiés par la réverbération du feu des numéros impairs situés vis-à-vis.

La maison formant l'angle de la *rue de la Roquette* et de la *rue Saint-Sabin* est également incendiée.

BOULEVARD BEAUMARCHAIS. — La maison du *café Gibet* est entièrement incendiée et écroulée; c'est le n° 1. — Les n°s 2 formant l'angle de la place de la Bastille, CAFÉ DE LA BASTILLE, et n° 13 sont fortement endommagés par les projectiles, ainsi que les n°s 26 et 28.

BOULEVARD RICHARD-LENOIR — Le n° 20 formant le n° 1 de la *rue Sedaine* est tout incendié. Les n°s 136 et 138 à l'entrée de la rue d'Angoulême sont criblés de balles.

RUE SEDAINE. — N° 1, incendié. Toute cette rue est particulièrement criblée de balles et a quelques obus. Il n'y a que la *rue du Faubourg-du-Temple*, de la *place du Château-d'Eau* à la *rue de la Folie-Méricourt*, qui puisse lui être comparée. Nous citerons particulièrement les numéros 3, 5, 7, 9, 6, 8, 10, 12, 14, 16, 28. La barricade, l'une des plus fortes, était à l'angle de la *rue Saint-Sabin*, entre les n°s 7-9, 10-12.

RUE D'AVAL. — Les deux angles du boulevard Richard-Lenoir sont bien détériorés.

RUE AMELOT. — N°s 21, 23, 25, endommagés.

BOULEVARD DU TEMPLE. — Légères détériorations aux n°s 26, 30, 32, 34, 42.

Les n°s 52, 54, à l'angle du Château-d'Eau, sont tout incendiés.

PLACE DU CHATEAU-D'EAU. — N°s 7 et 9, incendiés; n° 13, au PAUVRE JACQUES, fortes brèches; n° 15, angle du boulevard Saint-Martin, tout incendié, sauf le quatrième étage et la toiture; n° 17, fortement endommagé par les projectiles.

BOULEVARD DES AMANDIERS. — Les n°s 2, 4 et 6, incendiés. La partie des MAGASINS-RÉUNIS formant l'angle de la rue de Malte est incendiée par les obus et les murs sont criblés de balles.

BOULEVARD VOLTAIRE, ci-devant DU PRINCE-EUGÈNE. — Les n°s 2, 4, 1, 3, 5, sont incendiés, les deux derniers seulement dans les combles. N° 23, THÉATRE DES DÉLASSEMENTS-COMIQUES, incendié. N°s 20, 22, angle de la RUE D'ANGOULÈME, tout brûlés.

N° 44, angle de la RUE D'OBERKAMPF, endommagé par projectiles, ainsi que le n° 55, angle de la RUE SAINT-SÉBASTIEN. N° 50, BATACLAN, est tout percé par les obus qui y ont vraiment fait *bataclan*. N°s 138, 140, 142 ont reçu quelques projectiles. La mairie du XIe arrondissement a quelques dégâts.

C'est plus que jamais le cas de dire que le GRAND VOLTAIRE trône sur une *chaise percée*; le fauteuil où est assis l'auteur de *Zaïre* a été percé au bas du dossier, dans le bois; le petit boulet a traversé et est sorti à la pointe du pied gauche. Le grand philosophe ne paraît pas avoir trop souffert, et le piédestal de magnifique granit n'a qu'une feuille de laurier légèrement effleurée par une balle, contrairement à ce qui a été annoncé.

LA BELLE ÉGLISE DE SAINT-AMBROISE n'a reçu qu'une vingtaine de balles, ses vitres ne sont pas brisées, ses cadrans sont intacts, ainsi que ses gracieux clochetons, qui n'ont reçu que deux balles.

RUE SAINT-SÉBASTIEN. — N°s 39, 41, 43, 45, angle du

2

boulevard Richard-Lenoir, et n⁰ˢ 38, 40, 42, 44, 50, autre angle, sont très-détériorés.

RUE OBERKAMPF. — N° 4, endommagé par les projectiles, ainsi que les n⁰ˢ 38, 49, 51, 53, 55, 57, particulièrement tout ce qui environne la *rue Gambey*.

RUE DE LA FOLIE-MÉRICOURT. — N⁰ˢ 73, 75, angles de la rue d'Angoulême, criblés. — N° 115, angle de la rue du Faubourg-du-Temple et du quai de Jemmapes, tout incendié et criblé.

QUAI DE VALMY. — N⁰ˢ 25, 27, 29, très-endommagés par les projectiles.

RUE DU FAUBOURG-DU-TEMPLE. — N⁰ˢ 29 et 32, criblés, ainsi que plusieurs autres maisons.

CASERNE DU PRINCE-EUGÈNE. — Le monument est tout ce qu'on peut imaginer de plus endommagé par les projectiles, non point par la grandeur des brèches, mais bien par l'incroyable quantité de coups reçus. C'est la façade sur la rue du Faubourg-du-Temple qui est curieuse à voir ! C'est la seconde édition de la rue Sedaine. Les lions de la grande fontaine sur la place sont percés en plusieurs endroits.

RUE DU CHATEAU-D'EAU et BOULEVARD MAGENTA, n° 5, à l'angle du *grand Café Parisien*, tout incendié.

RUE DE BONDY. — N⁰ˢ 22, 24, 28, 30, 40, 44 sont endommagés par des projectiles. N° 32 a eu un commencement d'incendie.

Le n° 8, derrière le théâtre de la Porte-Saint-Martin, et les n⁰ˢ 15, 17, 19, 21, sont tout brûlés.

THÉATRE DE LA PORTE SAINT-MARTIN. — N° 16 et les 18, 20 sur le boulevard, incendiés.

LES PORTES SAINT-MARTIN ET SAINT-DENIS ne sont que légèrement endommagées.

RUE DU FAUBOURG-SAINT-MARTIN. — N° 65, angle de la rue du Château-d'Eau, 72, incendiés, de même que les n⁰ˢ 67 et 69, qui sont écroulés. Entre ces deux bâtiments, le mur mitoyen est intact et l'on voit au quatrième étage, côté du n° 69, une cheminée en marbre avec son lambrequin de velours et une pendule dessus. Dans une pièce à côté, sur un tablas, se trouve un paquet de linge qu'on sait parfaitement avoir été préparé au moment où a commencé l'incendie et qu'on n'a pas eu le temps d'emporter. Huit gravures encadrées et intactes contre le mur, ainsi que des vêtements. L'église qui se trouve à gauche sur le boulevard Magenta, près du boulevard de Strasbourg, a été un peu endommagée ; la pointe qui forme le sommet de la façade est brisée.

N°ˢ 147, 221, endommagés par projectiles, ainsi que quelques autres légèrement.

RUE DE L'ÉCLUSE. — La maison n° 50 a eu l'angle emporté.

RUE DE LA BUTTE-CHAUMONT. — N°ˢ 37 et 39 endommagés dans les, derniers moments de la lutte, le dimanche 28 mai.

RUE DU CHATEAU-DE-LANDON. — Projectiles ayant endommagé *l'abattoir des porcs* dans la journée du 28 mai.

PLACE DE LA ROTONDE, *à la Villette*. — La maison municipale des eaux est très-endommagée par les balles et les obus.

QUAI DE LA SEINE, *à la Villette*. — Tous les bâtiments des docks incendiés.

BOULEVARD DE LA VILLETTE et angle de la *rue de Flandres*. — N° 1, *grand restaurant du Cadran-Bleu*, presque détruit par les projectiles. La grande barricade enlevée par les troupes venant de Montmartre se trouvait à côté.

PLACE DE LA MAIRIE DU 19ᵉ ARRONDISSEMENT. — L'église de la Villette, du bas jusqu'au clocher, est criblée de balles.

GRENIER D'ABONDANCE, sur la *rue de Crimée*. — Bâtiment à six étages et rez-de-chaussée ; la fumée s'élève toujours de ses ruines par les quantités de sacs de grains livrés aux flammes et qui s'y voient encore après trois semaines.

GRENIER D'ABONDANCE, sur le *quai de la Loire*. — Comme au précédent, des amas de grains fument encore.

RUE CURIAL, à *la Villette*. — L'atelier des Petites-Voitures et les magasins de vivres de l'armée ont été incendiés par explosion, le jeudi 25 mai.

RUE DE CRIMÉE. — Du canal à la rue de Colmar deux maisons incendiées, soit les nos 156 et 158, ainsi que le n° 155, angle du quai de la Loire.

QUAI DE LA LOIRE. — Nos 84 et 86 entièrement incendiés et calcinés.

RUE D'ALLEMAGNE. — N° 123, grand café du Siècle, à l'angle de la rue de Crimée. On voit sur la maison une plaque sur fond noir portant le nom de *Route de la Revanche*. Il en est de même à tous les angles de cette rue.

L'extrémité de la rue de Crimée, à l'angle de la rue Meynadier, avait l'une des plus fortes barricades du quartier ; elle n'a pas été défendue, de sorte qu'on n'y constate pas de dégâts.

La charmante *chapelle protestante*, sur une élévation entre les rues Meynadier et de Mexico, près du rocher des buttes Chaumont, n'a pas du tout souffert.

En entrant dans ce quartier, berceau de l'insurrection, on se croit transporté à cent lieues de Paris ; tout y respire le calme ; le square des buttes Chaumont est en parfait état et contraste avec les autres jardins de Paris ; là, pas d'arbres brisés, les gazons en bon état, ainsi que les kiosques. Les massifs de pensées, valérianes et autres sont en pleine floraison.

Les promeneurs qui se rendent aux buttes Chaumont sont comme saisis d'étonnement en n'y trouvant presque pas de dégâts.

A l'entrée du square, vers la *rue de la Vera-Cruz*, on

commence à voir quelques traces d'obus et d'incendie. Le *Grand Café oriental* est brûlé, et les maisons avoisinantes ont souffert des obus de Montmartre.

Les obus sont arrivés dans les *rues Pradier* et *de Puebla*, autour de l'hôtel d'Orléans, mais il y a eu peu d'incendie.

Les dégâts, relativement très-faibles, s'étendent jusqu'à la rue de Belleville.

Deux barricades aux angles des rues de Puebla et de Belleville n'ont pas été défendues.

RUE DE BELLEVILLE n'a presque pas de dommages. Le *Grand Café parisien*, n° 362, rue de Puebla, et les belles maisons avoisinantes, sont intacts.

La jolie église de Saint-Jean-Baptiste et ses deux clochers gothiques n'ont pas souffert.

RUE DES RIGOLES. — Au coin du marché, une superbe maison a été endommagée par les obus.

LES RUES DE LA MARE, DES ENVIERGES, DES CASCADES ET HENRI-CHÉVREAU, intactes.

RUE MÉNILMONTANT. — Obus aux n°ˢ 18, 26, 49, 56, 58, 60.

La superbe église neuve de Ménilmontant n'a pas de dégâts trop regrettables : 10 éclats d'obus du côté de la rue d'Eupatoria. Les rosaces et fenêtres intactes. Un obus est tombé sur la façade principale, à côté du clocheton de droite, sans faire à ce dernier le moindre mal.

BOULEVARD MÉNILMONTANT. — Obus dans la maison formant l'angle de la rue des Cendres, et sept obus au n° 99 en face.

RUES DE TLEMCEN ET DES AMANDIERS. — Jusqu'au Père-Lachaise, pas de dégâts à constater.

Ce qui fait le malheur des uns fait le bonheur des autres. En allant visiter les désastres, triste héritage de l'insurrection, on sent le besoin de se réconforter un peu avant d'entrer au *Père-Lachaise ;* aussi les restaurants de

M. Fillieux et *veuve Durand*, au coin de la rue des Amandiers, sont-ils remplis de visiteurs. Il en est de même de l'autre côté du *Père-Lachaise*, à la rue Saint-André, dans le grand jardin de la maison Lamiral : *A la Renommée des Escargots.*

LE PÈRE-LACHAISE. — En entrant dans le séjour des morts, la première pensée est pour les vivants, car dans l'avenue principale, avant d'arriver à la colline où se trouve la chapelle, on voit de magnifiques tombeaux neufs préparés par MM. *Haussmann* et *Boittelle*, entre ceux de *Rossini* et *Visconti;* vis-à-vis est celui de M. *Baroche*, entre ceux de *Perdonnet* et *Victor Cousin.*

Les dégâts causés au Père-Lachaise ont été bien exagérés. Quelques tombeaux ont été brisés dans la partie du côté de Ménilmontant et près des magnifiques monuments de *Pozzo di Borgo* et de la *famille Hautoy.*

M. *Maurice Richard* s'est aussi préparé une superbe dernière demeure entre les tombeaux de *Pozzo di Borgo* et du peintre *Flandrin.*

Eloigné des beaux-arts pendant sa vie, il veut s'en rapprocher après sa mort.

BOULEVARD DE CHARONNE. — Ce boulevard n'est pas endommagé; il n'y a pas eu de lutte sérieuse. Quelques traces de balles aux nᵒˢ 176 et 178, hôtels de Fontarabie et de Compiègne : le premier qui, par sa terminaison, fait songer au luxe oriental, et le second, à la magnifique résidence, n'ont pas une apparence répondant à leurs noms. Ce sont de modestes auberges, ou plutôt des marchards de vins. Si l'on faisait une statistique exacte des maisons endommagées par les balles et obus, on verrait que celles occupées par des marchands de vins y entrent pour une part exorbitante.

Les fédérés, déjà excités par les liquides prodigués avec abondance par la Commune, se réfugiaient chez les marchands de vins. Lorsqu'une barricade était enlevée par les troupes, les plus agiles s'empressaient de fuir, mais ceux auxquels les boissons coupaient un peu les jambes se barricadaient, et comme les boutiques étaient généralement fermées, les hôtes étant introduits par les portes de derrière, il fallait faire une espèce de siége pour s'emparer des communeux.

C'est ce qui explique pourquoi il y a tant de maisons de marchands de vins endommagées.

LA MAISON DU GRAND-RAMPONNEAU, n.° 52, à l'angle dè la rue de Montreuil, et tout à côté, la *Brasserie de Strasbourg*, ont été visitées par les balles, ainsi que le marchand de vins au n° 2, au coin du cours de Vincennes.

COURS DE VINCENNES ET BOULEVARD PICPUS. — La maison formant l'angle de ces deux voies et occupée par un commerce de liquides a été très-fortement endommagée, ainsi que le n° 100, qui suit sur le boulevard Picpus, par les obus venus du Père-Lachaise, au moment de l'arrivée des troupes sur la place du Trône.

LES COLONNES DE LA PLACE DU TRÔNE ET LEURS STATUES, SAINT-LOUIS ET PHILIPPE-AUGUSTE. — Les vandales de la Commune auraient, s'ils en avaient eu le temps, détruit tous les monuments de Paris.

Courbet n'a pas su se contenter de la réputation qu'il s'était acquise dans les arts, et, second Erostrate, il a été l'instigateur et l'ordonnateur de la destruction de la colonne de la place Vendôme, tombée le mardi 16 mai à cinq heures trois quarts, pensant sans doute faire mieux passer son nom à la postérité. — Il aura pu apprendre, avant d'être arrêté, qu'il a eu des imitateurs à la place du Trône, mais qui heureusement n'ont pas pu mener à bonne fin leurs criminels desseins.

Le lundi soir 22 mai, les communeux qui occupaient l'entrée du cours de Vincennes reçurent l'ordre de détruire les deux colonnes sur lesquelles sont placées les statues de *saint Louis* et de *Philippe-Auguste*. Ils se mirent immédiatement à l'œuvre, et c'est par la dernière qu'ils commencèrent.

Le ciseau devait faire une entaille exactement comme à la colonne Vendôme; elle était déjà d'environ 25 centimètres de hauteur sur 15 de profondeur dans toute la moitié de la colonne donnant sur le centre de l'avenue, et trois trous carrés de 20 centimètres sur 15 de profondeur étaient percés dans la partie du côté du boulevard Picpus. Cette entaille, tenant une des moitiés de la colonne, et les trois trous dans l'autre, étaient précisément à la base, au-dessus du socle. Les préparatifs de démolition étaient donc commencés exactement comme ils le furent à la colonne de la place Vendôme.

Le mardi matin 23 mai, les gardes nationaux du quartier de la place du Trône, voyant les travaux de démolition entrepris, s'opposèrent à la continuation de cette œuvre de destruction, mais ils n'étaient pas en force pour faire prévaloir leur volonté. Un officier, dont nous voudrions bien pouvoir indiquer le nom, s'opposa énergiquement aux desseins des élèves de Courbet, pendant qu'il envoyait chercher du renfort.

Cet officier montra la plus grande énergie jusqu'à l'arrivée de ceux qu'il avait fait appeler, et c'est à lui que la ville de Paris et la France doivent la conservation de ces deux monuments.

AVENUE DU BEL-AIR. — Deux obus dans la maison de l'angle.

PLACE WALHUBERT. — Le bâtiment de la gare d'Orléans sur la place a été en partie incendié.

Le charmant pavillon-chalet au centre de la place, CAFÉ-RESTAURANT DU JARDIN DES PLANTES, a été fortement endommagé.

BOULEVARD DE L'HÔPITAL n'a pas de dégâts à mentionner.

RUE FAGON et RUE GODEFROY ont quelques traces de projectiles.

BOULEVARD DE LA GARE. — Le n° 221 mérite seul d'être signalé comme ayant un peu souffert.

AVENUE DE CHOISY. — Les n°ˢ 202 et 221, qui se trouvaient dans le voisinage de la barricade, sont endommagés.

AVENUE D'ITALIE. — Les n°ˢ 1 et 1 bis ont seuls des traces de projectiles. Le reste de l'avenue est intact.

PORTE D'ITALIE. — Tout y est en bon état.

LES GOBELINS. — Les dommages sont beaucoup moins grands qu'on ne l'avait dit d'abord. Les ateliers sont de nouveau en pleine activité. Plusieurs des belles tapisseries qu'on avait annoncées comme perdues sont heureusement intactes : de ce nombre est le *Louis XIV*, chef-d'œuvre de la manufacture.

LES BOULEVARDS SAINT-JACQUES et D'ITALIE et les rues avoisinantes n'ont pas de dégâts sérieux à signaler, y compris la rue Saint-Jacques.

BOULEVARD SAINT-MICHEL. — Les n°ˢ 73, BRASSERIE DREHER, et 65, RESTAURANT MOLIÈRE, avaient souffert lors de l'explosion de la poudrière établie par les fédérés dans la partie détachée des jardins du Luxembourg.

Le n° 25, CAFÉ SOUFFLET, et le n° 20, GRAND CAFÉ DU MUSÉE, ont été détériorés par les projectiles.

Au n° 47, donnant sur la PLACE DE LA SORBONNE, maison du GRAND CAFÉ D'HARCOURT, on voit encore, au troisième étage, la brèche faite en janvier par un obus prussien.

RUE RACINE. — N° 2, HÔTEL DES ÉTRANGERS, porte les traces d'un grand nombre de balles.

BOULEVARD SAINT-GERMAIN. — Les n°ˢ 100, GRAND HÔTEL DE L'ÉPOQUE ; 98, CAFÉ DES ÉCOLES RÉUNIES ; 92, MAISON HORTUS, MARCHAND DE VINS ; 90, RESTAURANT LEJARS, méritent d'être mentionnés comme ayant reçu des projectiles.

Le propriétaire du n° 74 m'en voudrait peut-être (comme tant d'autres dont à dessein je ne mentionne pas les maisons, parce que les dégâts n'en valent pas la peine) si je ne citais pas que l'une des cariatides qui soutiennent le balcon du 2ᵉ étage a reçu une balle.

THÉATRE DE CLUNY, parfaitement intact à l'extérieur. On m'a assuré qu'il y avait eu un commencement d'incendie à l'intérieur.

HÔTEL CARNAVALET, dans la RUE DES FRANCS-BOURGEOIS. — Certaines publications l'ont signalé comme ayant été l'objet des tentatives criminelles des incendiaires de la Commune. C'est absolument faux : cet hôtel n'a pas été endommagé.

RUE DU PONT-NEUF. — Le numéro 31 est la maison où naquit, en 1622, l'auteur de *Tartufe*, J.-B. POQUELIN DE MOLIÈRE. Son buste, placé au premier étage, regarde du côté des Halles. Son air narquois semble défier les balles, qui en effet l'ont parfaitement respecté, criblant de trous les descentes en métal du numéro 33, dont les murs ont aussi été atteints. On sait qu'autour des Halles il y avait pluie de balles, et la devanture du bureau de la SOCIÉTÉ GÉNÉRALE, presque en face du buste de Molière, le prouve suffisamment.

Il faut croire que du temps de l'illustre comédien-poëte la rue n'était pas numérotée comme de nos jours, car on voit un gros numéro 3 sculpté dans le mur et bien conservé.

La maison formant l'angle du quai de la Mégisserie contient les vastes magasins de LA BELLE JARDINIÈRE, qui ont été endommagés dans les devantures. Cette maison devait être détruite par les incendiaires, mais le temps leur a manqué.

Les communeux ne cachaient point leur haine contre ce grand établissement, parce que son gérant, homme très-honoré dans le 1ᵉʳ arrondissement, avait osé se mettre en concurrence contre leurs candidats aux élections du 26 mars.

QUAI DU LOUVRE. — Les nᵒˢ 2, 4, 6, 8, le premier formant l'angle de la rue du Pont-Neuf, ont passablement souffert sur leurs façades.

Rue Saint-André-des-Arts, rue de l'Ancienne-Comédie, rue Taranne et rue des Saints-Pères, ont quelques maisons détériorées par les projectiles. Il en est de même de la rue Bonaparte, qui porte toujours le nom communeux : rue du 31 octobre.

Théâtre du Chatelet. — Comme on n'a pas cessé depuis trois semaines de donner des représentations à ce théâtre, il n'y a rien eu d'incendié que les salles des costumes et des décors, dont la plus grande partie avaient été enlevés auparavant.

Rue Turbigo. — Beaucoup de maisons atteintes par les projectiles, mais sans grands dommages; nous citerons le n° 1, aux enfants des halles; n° 3, au grand marché parisien; nos 5, 8, 11, 19, 21, 25, 27, 31, 34, 36, 38, 47, l'église de Saint-Nicolas-des-Champs, et les nos 51, 53, 58, 63, 74.

Rue Beaubourg. — A l'angle de la rue Turbigo, maison atteinte par quelques projectiles.

Rue Volta. — Nos 13, 15, 33 ont reçu quelques projectiles.

Rue Réaumur. — Nos 13, 15 endommagés par un obus tombé contre le premier et dont les éclats ont causé des dommages au second.

Boulevard Magenta. — Cette grande voie n'a que fort peu de maisons atteintes, et le magasin incendié, à l'angle de la rue Lafayette, est un souvenir datant du siége de Paris par les Prussiens; les propriétaires semblent vouloir le conserver dans cet état.

Boulevard Rochechouart. — Ce boulevard a quelques dégâts, notamment au n° 2; café dijonnais, n° 16; café-concert du grand-delta, n° 19; la maison à côté, et les nos 72, 74, 76, 78, légèrement atteints.

Le n° 80, bal de l'Élysée Montmartre, a une seule de ses statues décapitée; les autres ont toutes leurs membres intacts, et les flûtistes fifres en mains.

BOULEVARD DE CLICHY. — Le n° 15, à l'angle de la place Pigalle, a reçu biendes balles ; il n'y a pas de brèches.

Les n°ˢ 79 et 81, assez fortement endommagés par les projectiles ainsi que les n°ˢ 83, 87, 91, mais plus légèrement.

RUE LEPIC. — N°ˢ 1 et 2, balles sur les façades.

PLACE BLANCHE. — La façade du GRAND CAFÉ DE LA PLACE BLANCHE, n° 3, donnant sur la rue de Bruxelles, est criblée de balles. Il est à supposer que la troupe a dû y déloger des communeux qui s'y étaient réfugiés.

Le n° 7 a reçu bien des balles.

LE BAL DE LA REINE-BLANCHE est parfaitement intact.

RUE DE DOUAI. — N° 62, angle du boulevard de Clichy, est une dépendance tenant à la chapelle de la belle propriété des dames de Picpus. Elle a reçu plusieurs obus, mais la chapelle et le reste n'ont pas souffert.

PLACE DE CLICHY et MONUMENT DU MARÉCHAL MONCEY. — Le brave maréchal supporte très-vaillamment l'enlèvement de la partie postérieure du genou droit, qui lui a été fait par un petit boulet de mitrailleuse américaine. Les artilleurs de l'armée de Versailles ont fait un coup très-extraordinaire en blessant le défenseur de la barrière de Clichy au 30 mars 1814.

Le petit boulet, venant du boulevard des Batignolles à l'angle des boulevards Courcelles et de Neuilly, est entré par l'ouverture qui se trouve sous les espèces de rocs en bronze du monument, au-dessus desquels est placé le canon servant d'appui au soldat expirant.

Le boulet est ressorti au-dessous des branches de laurier qui touchent la robe de la statue du centre pour frapper la *botte molle* du maréchal, qui a été enlevée sur le derrière. Le genou est intact ainsi que le devant de la botte, de sorte que le maréchal a toujours conservé sa belle position et n'est point estropié. Il ne s'agit que de rapporter un peu de chair et de réparer la botte.

Les communeux, si fort amateurs de *bottes molles* qu'ils portaient aux dépens de m. godillot, avaient, à ce qu'il paraît eu un devancier dans le maréchal ; cela m'étonne. Il me semble plutôt qu'on portait alors des *bottes à revers*, et si le maréchal en eût été muni, la triple épaisseur l'aurait sans doute sauvé, car le projectile n'avait plus une grande force, et n'a produit un dernier effet que parce qu'il a rencontré un bronze très-mince. Le piédestal en granit a 4 ou 5 éclats causés par de petits boulets, mais les bas-reliefs sont intacts, et les vieux grenadiers, ainsi que les soldats coiffés de tricornes, ont pu voir défiler leurs jeunes frères d'armes.

Le reste du quartier Montmartre n'a rien qui mérite d'être mentionné.

rue vavin. — Les n°s 1 et 2, aux angles de la rue d'Assas, ont leurs rez-de-chaussée et premier étage incendiés ; ce sont encore des marchands de vins. Les n°s 11, 13, 19 à 51 ; 12, 14, 16, 22 et 32 à 46 sont criblés de balles, et plusieurs ont reçu de gros projectiles. Les n°s 18, 20 sont incendiés et écroulés. Le n° 54, à l'angle du boulevard Montparnasse, est fortement endommagé.

On comprend que cette rue ait été si fortement désolée, car elle avait trois formidables barricades qui ont été défendues avec acharnement :

La première sur le boulevard Montparnasse ;

La seconde à l'entrée de la rue de Bréa ;

La troisième entre les numéros 1 et 2, vers le jardin du Luxembourg.

rue notre-dame-des-champs. — N°s 52 et 54 incendiés et écroulés, tous deux près des angles des rues de Bréa e Vavin.

Projectiles au n° 57.

rue de bréa. — N° 1, incendié et écroulé.

rue delambre. — N°s 2 et 4, incendiés.

Le haut du boulevard saint-michel et la rue d'assas n'ont

rien à signaler. Les arbres seuls de l'avenue de la partie détachée des jardins du Luxembourg ont le feuillage brûlé par l'explosion de la poudrière.

CARREFOUR DE L'OBSERVATOIRE. — LE MARÉCHAL NEY s'étant trouvé dans un quartier tranquille, s'est à peine aperçu des malheurs causés par la Commune; il est intact.

RUE D'ENFER. — La MAISON RELIGIEUSE DU BON-PASTEUR est entièrement incendiée. Le couvent, ses dépendances dans le jardin, son église, sont complétement détruits jusqu'à l'Observatoire.

Pour ce qui est du reste de la rue, elle ne présente pas de traces de lutte.

BOULEVARD D'ENFER. — Une très-grande barricade était établie sur la PLACE D'ENFER, près la rue du même nom et des boulevards d'Enfer et Arago. Une mitrailleuse, servie par une femme, a fait assez de mal contre le cimetière, dans lequel se trouvait la troupe de ligne.

Les fédérés n'avaient pas là d'autre artillerie; ce n'est que vers la fin du combat qu'ils avaient amené une pièce, qui n'a pas servi. Les tombes du cimetière ont fort peu souffert.

BOULEVARD ARAGO, sans dommages.

AVENUE D'ORLÉANS. — Ce boulevard dans toute sa longueur a été épargné par les projectiles. Le peu de dégâts ne mérite pas d'être mentionné en indiquant les maisons.

CHAUSSÉE DU MAINE. — La belle église neuve de SAINT-PIERRE, située sur la place entre la Chaussée et l'avenue d'Orléans, a passablement souffert dans ses parties ouest et nord-ouest par le feu de l'artillerie placée sur la chaussée pour déloger les fédérés qui s'y étaient réfugiés.

Le portique sur la façade sud a un seul éclat, mais il y en a douze sur le clocher du côté du nord, quatre du côté de l'ouest et une dizaine en suivant sur les murs de ce monument.

Les dégâts n'ont guère atteint que les gros murs; les clochetons, flèches, ornements ont été épargnés. Neuf fenêtres ont leurs vitres brisées par des balles; une dixième est presque totalement endommagée.

Les maisons avoisinantes ont quelques projectiles, mais les pertes ne sont pas grandes, les barricades établies devant l'église aux avenues d'Orléans et de Châtillon n'ayant pas été défendues.

Les portes de Châtillon et Montrouge sont intactes et les pont-levis n'y ont reçu aucun dommage.

LES RUES DE VANVES ET DE LA GAITÉ n'ont rien à signaler.

LA CHAUSSÉE DU MAINE n'a presque pas de traces de projectiles; il n'y a pas eu de combat, si ce n'est près du chemin de fer. Les trois arcades du pont sont criblées de balles et ont reçu quelques obus.

LE BOULEVARD DE MONTROUGE n'a pas été endommagé. Les quatre arcades du pont du chemin de fer n'ont pas de traces de projectiles; il en est de même du BOULEVARD DE VAUGIRARD.

AVENUE DU MAINE. — Il y a deux éclats au n° 32 et un au n° 30, venus de la chaussée du Maine.

Au n° 29, un obus entré par le mur du côté du sud avait produit un commencement d'incendie au 3e étage, qui n'a atteint que la moitié de la façade du bâtiment, soit trois fenêtres.

LE BOULEVARD MONTPARNASSE dans le voisinage de la gare est intact.

GARE MONTPARNASSE. — Le bâtiment a été assez endommagé; il a reçu sur la façade principale une trentaine de gros projectiles et une grande quantité de balles. Toutes les vitres sont brisées, mais les bois et fers des fenêtres et portes sont intacts.

Chose remarquable, le cadran de l'horloge et les deux statues n'ont pas souffert. Le petit châtelet flanqué de quatre tours qui surmonte le cadran de l'horloge et la guirlande de fleurs sculptée au-dessous sont intacts.

LES MAISONS DES RUES DU DÉPART ET DE L'ARRIVÉE n'ont point souffert.

RUE DE RENNES. — N° 151 a reçu passablement de balles. Le n° 152 en face en a moins.

RUE DE VAUGIRARD. — Quelques légers dégâts.

BOULEVARD MONTPARNASSE. — N° 25. Par extraordinaire, dans cette maison, le marchand de vin a été épargné; mais deux boutiques attenantes ont été incendiées par des projectiles venant de la chaussée du Maine, lors de l'attaque du pont du chemin de fer qui se trouve en face.

RUES DE SÈVRES ET DU CHERCHE-MIDI. — Épargnées dans toute la partie avoisinant le boulevard Montparnasse.

LE BOULEVARD DES INVALIDES n'a pas été visité par des projectiles. Dans la cour de l'institution des Aveugles, on voit la statue intacte de Valentin Haüy.

LE PUITS DE GRENELLE, L'ÉGLISE DE SAINT-FRANÇOIS-XAVIER, LES RUES OUDINOT, DE BABYLONE, VANNEAU et environnantes, n'ont pas été endommagés.

RUE DE VARENNES. — Seul de toute la rue, le n° 58 a des trous de balles. C'est l'hôtel du comte Hector de Béarn.

Traversons la Seine, pour visiter le 9e arrondissement.

RUE DE PROVENCE, n° 21, beaucoup de balles et quelques gros projectiles. Cette maison forme l'angle de la *rue Chauchat*.

Au n° 23, le joaillier-lapidaire *Paul Opvenheim* a vu ses belles enseignes en marbre lapidées par les balles.

Le rez-de-chaussée et le premier étage du n° 25 ont les angles bien endommagés.

Les n°s 27 et 29 sont moins visités par les projectiles.

C'est dans ce quartier que les fédérés, opérant leur retraite sur le faubourg du Temple et Belleville, ont sou-

tenu d'assez grands combats contre les troupes de Versailles.

RUE DE LA VICTOIRE. — L'angle du n° 6, donnant sur la
rue Lafayette, a reçu de gros projectiles.

RUE DU FAUBOURG MONTMARTRE. — L'angle de la *rue Richer*
a un obus. Les n°s 52 et 54 ont reçu bien des coups de balles.

LE GRAND BOUILLON AYMONIER, au n° 60, à l'angle de la *rue
de Maubeuge*, a reçu quelques projectiles et ses glaces
sont presque toutes brisées.

Les n°s 62, 64, 66, ce dernier *La Reunion des Savoi-
siens*, sont aussi passablement endommagés.

RUE DE CHATEAUDUN. — Le n° 11, où se trouvent les
bureaux de la *Sûreté financière*, est de tout le 9e arrondissement la maison qui a le plus souffert ; elle a reçu
des obus à tous les étages ; sa position à l'angle de la rue
du Faubourg-Montmartre lui a valu ce triste sort. Le n° 38
a un obus.

Les communeux s'acharnaient à dépouiller les églises
de leurs ornements ; ces vols ne leur suffisant pas, ils
emmenaient en otages les ecclésiastiques, mais ils respec-
taient au moins les intérieurs de ces monuments. Nous
ne savons dans quel but les amis de l'Eglise mettent
aussi un certain acharnement à faire croire que les églises
de Paris ont beaucoup souffert, ce qui n'est pas.

Il y a des dommages sans doute, mais, sauf l'église de
Bercy incendiée, et le clocheton de Saint-Eustache démoli,
il faut s'estimer fort heureux du peu de dégâts éprouvé
par les monuments religieux à l'extérieur.

Nous n'avons pas visité les intérieurs des églises, mais
nous croyons savoir que, sauf celles qui ont été boule-
versées pour chercher les soi-disant victimes du libertinage
des prêtres, les autres sont en assez bon état.

Notre-Dame-des-Victoires, Saint-Laurent, étaient les
deux églises signalées par les communeux comme contenant des cadavres enterrés clandestinement.

Les amis de la Commune, qui avaient converti en clubs les églises, tenaient probablement pour cela à leur conservation.

Ce qui nous pousse à ces réflexions, c'est le parfait état de *Notre-Dame-de-Lorette*. La Vierge et l'enfant Jésus, aux pieds desquels sont prosternés les six anges au-dessus du *Beatæ Mariæ Virgini Lavretanæ*, sont intacts.

Il en est de même de la *Mère du Sauveur* portant l'enfant dans ses bras et accompagnée du petit saint Jean-Baptiste, qui se trouve placée au sommet du centre de la façade. Celles des deux angles sont aussi en bon état. Pas une balle sur les colonnes, ce qui s'explique facilement : l'église, étant bâtie en retraite de la rue, a été protégée par les maisons des angles de la place. Sur le derrière seulement, au bas de la rue des Martyrs, à l'angle de la rue Fléchier, il y a beaucoup de balles, qui ne nécessitent pourtant pas la pose d'une seule pierre.

L'ÉGLISE DE LA TRINITÉ a beaucoup de blessures, mais aucune ne présente de gravité. La couverture du clocheton qui surmonte le grand clocher a été détériorée sans que la croix ait été touchée.

Au-dessous, un obus à l'encadrement d'une des petites fenêtres.

Un petit éclat entre le cadran de la face principale et celui du côté de la rue Blanche; de même au-dessous du premier. Un trou au-dessous de l'inscription : SANCTÆ TRINITATI.

Sept éclats dans les parties inférieures et deux très-légers dans la rosace et l'une des fenêtres.

Aucune des trois statues placées sur les fontaines ne sont atteintes, et les grandes ailes des anges, ayant environ 1 mètre 20 centimètres de longueur, ont été épargnées.

Les beaux groupes couronnant les angles du corps de

l'église sont intacts, ainsi que les deux grands clochetons surmontés de la croix.

Les 16 saints, papes et évêques n'ont pas reçu la moindre égratignure. Huit sont sur la façade principale, quatre du côté de la rue Morlot, et quatre sur la rue Blanche.

Les peintures au-dessus des trois portes sous le grand portique ont été atteintes par quelques balles. Ce sont des dommages facilement réparables.

En somme, cette belle église n'a point autant souffert qu'on se plaisait à en répandre le bruit.

Les belles maisons de la PLACE DE LA TRINITÉ ont très-peu souffert.

Le superbe bâtiment portant le n° 2 n'a eu que quatre balles dans l'une des glaces du CAFÉ DE LA TRINITÉ, et quelques-unes sur le gros mur.

Le n° 59, propriété de la NATIONALE, a quelques glaces brisées.

Le n° 73, grands magasins, A LA CAPITALE, a reçu quelques éclats sur sa façade de la rue de la Chaussée-d'Antin; n° 75, à l'angle de la rue Mogador, intact.

Le chapelier à l'angle de la rue de Londres a souffert un obus, entré dans ses magasins au moment où un employé était occupé à envelopper des chapeaux, a coupé les deux pouces de ce malheureux jeune homme, auquel on a, dit-on, dû faire l'amputation des deux mains.

RUE DE LA CHAUSSÉE-D'ANTIN. — Les maisons qui ont été endommagées sont les n°s 48, HÔTEL DU NOUVEL-OPÉRA; 58-64, 66, SOCIÉTÉ GÉNÉRALE DE CRÉDIT INDUSTRIEL ET COMMERCIAL; 68, 51, COMPAGNIE DES BASSINS HOUILLERS.

Les personnes qui visiteront attentivement les quartiers que j'ai décrits sentiront combien le maréchal Mac-Mahon a accompli scrupuleusement les désirs de M. Thiers, qui, dans ses instructions, lui avait recommandé d'épargner, autant que faire se pourrait, tous les quartiers de la capitale. Ces intentions bienveillantes avaient été annoncées par M. le chef du pouvoir exécutif dans sa proclamation au peuple de Paris, en date du 8 mai.

Le duc de Magenta pouvait, avec son artillerie de Montmartre, réduire en cendres les parties de Paris qui avaient fourni la presque totalité des insurgés; or Belleville et Ménilmontant ont été presque complétement épargnés, surtout par les incendies; ceux de la Villette sont tous le fait des *pétroleurs communeux.*

CARREFOUR DU BOULEVARD HAUSSMANN, aux rues Lafayette, Chaussée-d'Antin et Halévy.

Quelques dégâts dans les maisons occupées par les grands magasins de chaussures de la FAVORITÉ; CAFÉ ARNAULT; LÉVY ET WORMS, bronzes d'art; LA FÉE, machines à coudre.

Les deux maisons formant les angles du boulevard du côté ouest sont intactes.

Malgré les deux récents baptêmes, je continuerai à appeler ce boulevard du nom de M. Haussmann et espère qu'il lui sera conservé. C'est grâce aux grandes voies ouvertes par l'ex-préfet de la Seine que l'insurrection a pu être promptement vaincue et sans coûter de trop grandes pertes à l'armée. Si toutes les petites ruelles eussent encore existé, la résistance de la Commune aurait pu se prolonger et augmenter les actes de fureur et de sauvagerie de ses partisans.

On peut ne pas approuver l'administration Haussmann, mais il faut au moins reconnaître ce qu'elle a laissé de bon. Sans ses améliorations au point de vue de la salubrité publique, Paris, après les privations de l'hiver dernier, aurait probablement vu succéder à la guerre quelque grande épidémie.

LES RUES DE NOTRE-DAME-DE-LORETTE, DES MARTYRS *et autres avoisinantes* sont à peu près sans traces de dommages.

PLACE SAINT-GEORGES. — Il reste bien peu de chose de l'hôtel Thiers; espérons le voir bientôt réédifié, ainsi que la COLONNE DE LA PLACE VENDOME; destructions criminelles, renforcées par une infamie plus grande, l'explosion du 17 mai, à cinq heures trois quarts, de la CATROUCHERIE DE L'AVENUE RAPP, attribuée par la COMMUNE aux versaillais, qui, tout au moins, avaient eu la précaution de prévenir les employés d'en sortir à cinq heures au lieu de six, heure réglementaire pour la fermeture des ateliers.

RUE DE L'UNIVERSITÉ. — Le bel hôtel, n° 114, a reçu deux obus, et le n° 81 est assez abîmé. La partie du CORPS LÉGISLATIF sur les rues de Bourgogne et de l'Université a reçu plus de vingt-cinq gros projectiles, et une partie de la balustrade en pierre qui couronne le bâtiment a été brisée par des obus.

MINISTÈRE DES AFFAIRES ÉTRANGÈRES. — Ce beau monument a reçu bien des blessures : Neuf des colonnes de la partie supérieure sont plus ou moins endommagées, et plusieurs éclats sur la façade ont fait beaucoup de mal. La balustrade en pierre qui borde la toiture est détruite en différents endroits. — Les plus fortes brèches sont au-dessous de la balustrade. — Les médaillons au-dessus des grandes fenêtres sont fort endommagés.

RUE FABERT. — N° 1. L'hôtel de M. le comte de Vogué est endommagé.

BOULEVARD DE LA TOUR-MAUBOURG. — Le n° 2, appartenant à M. le marquis de Biron, a eu deux fenêtres et quatre cheminées endommagées par les obus.

Le n° 1, en face, propriété de M. le comte de Montesquiou, a été complétement épargné.

Ces deux beaux hôtels ont leurs façades principales sur le quai d'Orsay.

Les grandes écuries de Napoléon III n'ont qu'une brèche à l'angle du bâtiment, du côté de l'avenue Rapp ; elle est forte et a plus d'un mètre et vingt centimètres de hauteur.

Beaucoup de journaux ont annoncé que les grands magasins de nouveautés suivants avaient été détruits :

Magasins du Bon-Marché, rue de Sèvres et rue du Bac.
Magasins du Petit-Saint-Thomas, rue du Bac.
Magasins du Louvre, rue de Rivoli.

Ils n'ont absolument rien eu; mais s'ils ont été épargnés, c'est parce que le temps seul a manqué aux communeux pour accomplir leurs sinistres projets.

La rue du Bac a perdu un bon citoyen, le commandant DUROUCHOUX, qui a succombé aux suites de sa blessure. S'il est juste de rendre hommage à la mémoire des morts, il l'est aussi de parler des vivants.

Tout le nombreux personnel des magasins d'approvisionnements ROUSSEAU-JACOB s'est distingué par son dévouement dans ces tristes circonstances et a rendu de grands services, ainsi que M. L. Mussot, changeur, rue du Bac, n° 19, et M. Martin, pharmacien, rue de Verneuil, n° 33, méritent les plus grands éloges.

Ici se terminent mes observations sur les désastres de Paris proprement dit, et l'on verra par le tableau final de cette première partie, que je ne m'étais pas trompé en indiquant deux [cent trente-huit maisons incendiées ou fortement détériorées, et nécessitant une reconstruction partielle ou totale.

La seconde partie comprendra les quartiers entre le Point-du-Jour et la porte des Ternes et Neuilly et paraîtra dans le *Moniteur universel* dès le dimanche 2 juillet.

TABLEAU DES RUES, MONUMENTS ET MAISONS

DÉTRUITS

1. Colonne de la place Vendôme. 1
2. Rue Boissy-d'Anglas, n° 31. 1
3. Rue du Faubourg-Saint-Honoré, nᵒˢ 1, 2, 3 3
4. Rue Royale, nᵒˢ 15, 17, 19, 21, 23, 16. 6
5. Rue Saint-Honoré, nᵒˢ 422, 424 2
6. Ministère des finances 1
7. Les Tuileries 1
8. Pavillon de la Bibliothèque du Louvre 1
9. Palais-Royal 1
10. Rue de Rivoli, nᵒˢ 33, 35, 37, 39, 79, 91, 93, 80, 82, 84,
      86, 98, 100. 13
11. Place du Louvre, n° 1. 1
12. Rue du Louvre, n° 6, 8. 2
13. Boulevard Sébastopol, nᵒˢ 9, 11, 13 3
14. Rue Saint-Martin, nᵒˢ 8, 10, 12, 16, 18 5
15. Rue Saint-Bon, nᵒˢ 1, 3 2
16. Rue de la Tacherie, nᵒˢ 2, 4, 5, 7, 8. 10. 6
17. Rue de la Coutellerie, nᵒˢ 2, 3, 5 3
18. Avenue Victoria, nᵒˢ 2, 4, 6, 3, 5 5
19. Théâtre-Lyrique 1
20. Quai de Gèvres ou Lepelletier, nᵒˢ 2, 4, 6. 3
21. Place de l'Hôtel-de-Ville, nᵒˢ 3, 7, 9. 3
22. Hôtel-de-Ville 1
23. Mairie du 4ᵉ arrondissement, rue Vieille-du-Temple . . . 1
24. Rue Saint-Antoine, nᵒˢ 212, 214, 218 3
25. Eglise Saint-Eustache 1
26. Palais-de-Justice 1

A reporter. 71

Report. 71

27. Nouvelle Préfecture de Police. 1
28. Ancienne Préfecture de Police. 1
29. Quai Voltaire, n° 13 1
30. Rue de Lille, n°ˢ 48, 50, 52, 27, 37, 39, 41, 43, 45, 49,
    51, 53, 55, 61, 63, 65, 67, 69, 71, 81, 83, 85 22
31. Caisse des Consignations. 1
32. Partie de la caserne du quai d'Orsay. 1
33. Conseil d'Etat 1
34. Légion d'honneur 1
35. Rue du Bac, n°ˢ, 5, 7, 9, 11, 13, 4, 6 7
36. Rue de Grenelle, n° 1 1
37. Carrefour de la Croix-Rouge, rue de Sèvres, n° 2. 1
38. Gare Montparnasse très-endommagée. 1
39. Boulevard Montparnasse, n° 25 1
40. Avenue Rapp, Cartoucherie 1
41. Rue Vavin, n°ˢ 1, 2, 18, 20, 54. 5
42. Rue Notre-Dame-des-Champs, n°ˢ 52, 54 2
43. Rue Bréa, n° 1. 1
44. Rue Delambre, n°ˢ 2 et 4. 2
45. Rue d'Enfer, maison du Bon Pasteur. 1
46. Les Gobelins, en partie. 1
47. Gare d'Orléans, en partie. 1
48. Port de Bercy, n°ˢ 10, 12, 23. 3
49. Mairie et Eglise de Bercy. 2
50. Place de la Bastille, 11, 6, 8, 10, 12, 14. 6
51. Direction d'artillerie, rue de la Cerisaie. 1
52.   Id.   place de l'Arsenal. 1
53. Grenier d'Abondance, boulevard Bourdon. 1
54. Boulevard Contrescarpe, n°ˢ 2, 42. 2
55. Place Mazas, n° 2. 1
56. Quai de la Râpée, n°ˢ 81, 88, 90, 96, 100, 102. 6
57. Rue Lacuée, n°ˢ 2, 4, 6, incendiés 3
58. Rue Traversière, n° 1. 1
59. Boulevard Mazas, n° 1, 4, 5, 14, gare. 5
60. Rue des Terres-Fortes, n°ˢ 15, 17. 2
61. Rue de Lyon, n°ˢ 45, 47. 2
62. Rue de Charenton, n°ˢ 1, 4. 2
63. Rue du Faubourg Saint-Antoine, n° 2. 1

A reporter. 164

Report 164

64. Rue de la Roquette, nᵒˢ 1, 3, 5, 7, 9, 11, 13, 15, 17, 23, 18, 20, 22, 24. 14
65. Boulevard Beaumarchais, nᵒˢ 1, 2, 3. 3
66. Boulevard Richard-Lenoir, nᵒ 20. 1
67. Rue Sédaine, nᵒ 1. 1
68. Rue d'Aval, nᵒ 8, 9. 2
69. Boulevard du Temple, nᵒˢ 52, 54. 2
70. Place du Château-d'Eau, nᵒˢ 7, 9, 13, 15. 4
71. Boulevard des Amandiers, nᵒˢ 2, 4, 6 et Magasins-Réunis. 4
72. Boulevard Voltaire, nᵒˢ 2, 4, 20, 22, 60, 1, 3, 5, 25. . . . 9
73. Place Voltaire, nᵒˢ 7, 9. 2
74. Rue de la Folie-Méricourt, nᵒ 115. 1
75. Quai de Valmy, nᵒˢ 25, 27, 29. 3
76. Rue du Chateau-d'Eau, nᵒ 5. 1
77. Rue de Bondy, nᵒˢ 15, 17, 19, 21, 8, 32 6
78. Théâtre de la Porte-Saint-Martin, nᵒˢ 16, 18, 20. 3
79. Rue du Faubourg Saint-Martin, nᵒˢ 65, 67, 69. 3
80. Villette, Rue de Flandre, nᵒ 1, Cadran bleu. 1
81. Docks de la Villette. 1
82. Grenier d'abondance, rue de Crimée. 1
83. Grenier d'abondance, sur le quai de la Loire. 1
84. Rue Curial, atelier des Petites-Voitures. 1
85. Rue de la Crimée, nᵒˢ 155, 156, 158. 3
86. Quai de la Loire, nᵒˢ 84, 86. 2
87. Rue Vera-Cruz, Grand Café oriental. 1
88. Cours de Vincennes, angle du boulevard Picpus. 1
89. Boulevard Picpus, nᵒ 106. 1
90. Rue de Douai, nᵒ 62, maison des Dames de Picpus. 1
91. Place Saint-Georges, hôtel Thiers. 1

Total 238

DEUXIÈME PARTIE

LE POINT DU JOUR — AUTEUIL — PASSY
LE TROCADÉRO

Il était réservé aux quartiers situés entre le POINT DU JOUR et la PORTE DES TERNES de souffrir plus que toute autre partie de la capitale.

Après avoir dû subir l'humiliation de l'occupation prussienne du 1ᵉʳ mars, l'insurrection a fait fondre sur ces localités les plus grands fléaux.

Pour moi, qui ai visité pendant 20 jours consécutifs tous les endroits désolés, je puis affirmer sans crainte d'être démenti que les désastres que j'ai décrits dans le *Moniteur Universel* des 14, 15, 17, 18, 19, 20, 23 et 25 juin ne sont rien proportionnellement à ce que je vais chercher à raconter.

Je n'exagère nullement, comme cela pourra paraître, mais j'avoue qu'il y a des choses dans leur horreur, si affreusement curieuses à voir, que si au lieu de les avoir vues moi-même, elles m'eussent été racontées, j'aurais cru qu'elles étaient le produit d'un cerveau surexcité par des souffrances morales provenant du séjour dans les lieux ayant servi de théâtre aux combats acharnés qui ont porté le deuil dans tant de familles et accumulé tant de ruines.

Quand après la signature de l'armistice on se rendait à SAINT-CLOUD pour voir les désastres causés par les Prussiens et l'habileté du général Noël, on s'apitoyait sur la triste position de ses habitants. Combien, hélas, on était loin de penser que ce qui nous attristait alors serait considéré trois mois plus tard comme peu de chose.

Il faut rendre à chacun selon ses œuvres ; et si les Prussiens ont été à Saint-Cloud les devanciers des Communeux dans l'emploi du pétrole, comme on l'affirme, ce n'est pourtant pas à eux qu'il faut attribuer toute la destruction de ce charmant endroit.

Les maisons qui, assure-t-on, ont été incendiées à dessein par les Prussiens étaient très-faciles à reconnaître en avril dernier ; les beaux jours et la curiosité de voir les ruines de Saint-Cloud attiraient alors une foule énorme de promeneurs dans cette direction et chacun pouvait distinguer les destructions prussiennes partant toutes du rez-de-chaussée, tandis que les ruines faites par le mont Valérien commençaient par les toitures ; les parties inférieures étaient généralement conservées.

Un rapport au chef d'état-major du Gouverneur de Paris, en date du 27 octobre 1870 à 7 heures du soir, communiquait les faits suivants :

« D'après des renseignements certains sur les travaux « et les mouvements de l'ennemi, le mont Valérien, la « batterie Mortemart, les bastions 63 et 64 de l'enceinte « (à gauche de la porte d'Auteuil) ont, dans l'après-« midi, couvert de feux Brimborion et l'orangerie de Saint-« Cloud. Sur ce dernier point des soldats en grand nombre « ont pris la fuite en tous sens.

Or je puis affirmer que l'ORANGERIE DE SAINT-CLOUD n'a jamais eu à se plaindre de l'artillerie du général commandant le fort du mont Valérien, elle n'a jamais cessé d'être intacté, les Prussiens n'y ont jamais été inquiétés, non plus que dans les bâtiments situés à l'entrée du château, qui servaient autrefois de résidence au Gouverneur du palais et aux Officiers.

Les marins du mont Valérien avaient pourtant une réputation de bons pointeurs. Est-ce effet de pur hasard que les obus soient tous tombés sur le palais de Saint-Cloud qu'ils ont incendié ? aucun ne s'est égaré à une grande distance, seul un marronnier dans le parc réservé a été brisé à environ 150 pas du palais.

L'incendie du château de Saint-Cloud a été un crime s'il a été ordonné. S'il est l'effet du hasard, il faut avouer que tout concourait au mal.

Le magnifique VIADUC DU PONT DU POINT-DU-JOUR jusqu'à AUTEUIL a été dans tout son parcours fortement endommagé ; les milliers d'obus ont fait sauter le roc, partout on voit les brèches causées par les gros projectiles et les parapets du sommet ont surtout été fort endommagés.

Les maisons du POINT-DU-JOUR jusqu'à la RUE MOLITOR ont été atteintes par les projectiles ; il y a du mal, mais ces dégâts ne sont rien en comparaison du spectacle affreux qui s'offre aux regards depuis les rues Molitor et surtout Michel-Ange. Les maisons du Point-du-jour ont été préservées par le viaduc, aussi nous ne nous y arrêterons pas beaucoup.

Nous irons tout de suite à Auteuil.

Il faut pourtant s'arrêter au CHALÉT DE L'ACACIA, chez Mᵐᵉ PHILIPPE, cantinière du 72ᵉ bataillon de la garde nationale qui était au combat de BUZENVAL. C'est elle qui a soigné, dans ses derniers moments, le brave capitaine de la 1ʳᵉ compagnie, M. ERSAN, tombé sur le champ d'honneur.

Mᵐᵉ PHILIPPE a cessé d'être cantinière du 72ᵉ dès l'avénement de la commune. Ce bataillon, ainsi que le 38ᵉ, ont toujours refusé leur concours aux communeux ;

quelques hommes seuls se sont laissés gagner. Les commandants de ces deux bataillons étaient MM. lavigne et boutellier, deux noms bien assortis.

Mme philippe a reçu la médaille militaire qu'elle a bien méritée; elle jouit de l'estime de tout le monde à Auteuil.

Suivant le boulevard excelmans, je trouve à gauche, près de la rue michel-ange, le cimetière d'auteuil; le champ du repos n'en a guère joui. Quelle désolation! on ne se croit plus à Paris; celui qui a vu, il y a un an à peine, ces lieux charmants, ces propriétés coquettes, ces routes bien entretenues, cette propreté qui était le mérite de l'administration Haussmann, et qui ne rencontre autour de lui que désolation, croit être sous l'effet d'un songe affreux, ce n'est que ruines.

Les murs d'une grande propriété à côté du cimetière ne sont plus que des amas de décombres. Et le cimetière? Renversé, bouleversé, tous les arbres qui existaient abattus, brisés; une plaine déserte sur laquelle s'élèvent les ruines de la maison Bourgeois, et plus loin sur la droite celles de la caserne des douaniers.

Ces forcenés de fédérés, auxquels il ne faut pas refuser un grand courage, s'étaient portés à la rencontre des troupes de Versailles; ils étaient embusqués derrière les débris des murs du cimetière, et soixante cadavres relevés après la prise de possession par les troupes, attestent la lutte finale.

On peut, pour Paris, faire connaître l'état assez exact des dommages; pour Auteuil, comme pour Neuilly, il faut se contenter d'un à peu près, il faudrait des volumes pou passer en revue maison par maison, je chercherai cependant à le décrire de mon mieux.

Presque toutes les maisons ont souffert, même Sainte-Périne et Chardon; la première pour les femmes âgées, la seconde pour les vieillards; et cependant elles sont bien éloignées des fortifications.

C'est de la place de la gare d'Auteuil que je vais chercher à décrire les désastres qui, sur un théâtre plus restreint, commenceront à donner une idée de ceux de Neuilly.

L'horrible est comme le beau; quand on voit quelque chose de superbe, on s'y habitue et ce qui vous paraissait joli a cessé d'attirer votre attention toujours désireuse de trouver le mieux.

Il en est de même de l'horrible, quand on contemple les ruines de la PORTE D'AUTEUIL et celles de l'AVENUE DU ROULE, de l'AVENUE SAINTE-FOY, des RUES PEYRONNET et BORGHÈSE, à Neuilly, on se dit que celles de Paris sont bien peu de choses à côté.

Il faut surtout entendre les récits émouvants de ces pauvres malheureux qui ont passé tant d'heures d'angoisses dans les journées des 20 et 21 mai; le décrire est presque impossible, il faut les entendre raconter dans toute leur horreur de vérité et avec l'accent de la douleur subie et non contemplative.

Les maisons de la porte d'Auteuil me font l'effet d'avoir été mises dans une de ces machines centrifuges gigantesques dont on se sert dans les raffineries et qui, faisant un nombre considérable de tours à la minute, mélangent et remélangent les matières qu'elles contiennent.

Je me sers de cette comparaison pour chercher à décrire ces scènes de désolation qui seront sans doute présentées plus tard dans quelque travail sérieux par quelque écrivain de mérite.

Qu'on se figure les angoisses de ces familles enfermées dans des caves, quand on songe que dans la journée du 20 mai, la BATTERIE DE MONTRETOUT avec ses 80 canons, appuyée encore par d'autres batteries tonnait, sans arrêter sur Auteuil; 4,000 coups à l'heure et quels projectiles! des pièces de marine de 18, 24, 30, 48. Un roulement continuel, accompagné du bruit de l'éclat des

obus, de celui de murs s'écroulant et de tous les matériaux voltigeant comme la plume au vent. — Oui, voltigeant, c'est le mot, un obus en éclatant lançait à 20 ou
30 pas tout ce qui se trouvait autour; ces débris lançés
en rencontraient d'autres, s'entre-choquaient et produi-
saient ce mélange de métaux, pierre, bois, plâtre, etc. —
On peut comparer le bouleversement à ces *typhons* de
l'Inde qui renversent tout; le *typhon d'Auteuil* pour être
produit par la mitraille et les obus n'était pas inférieur
dans ses résultats à ceux des grandes commotions de la
nature.

Gens riches de la province et de l'étranger venez à
Paris, venez contempler dans leur horreur les désastres
causés par la plus terrible des guerres civiles, apportez
vous-mêmes des secours aux malheureux, ne les faites
pas passer par tant de mains, car vos dons n'arrivent pas
toujours comme ils le devraient; réunissez des fonds,
envoyez des délégués, chargez-les de distribuer dans un
quartier. *Qui trop embrasse, mal étreint*, il ne faut pas
vouloir contenter tout le monde à la fois, parce que vos
secours en s'éparpillant finissent par ne venir en aide à
personne.

Je voudrais voir se former un Comité central recueil-
lant les informations sur les besoins qui, hélas, sont
grands, ce comité n'ayant le maniement d'aucun fonds,
mais se bornant à tenir, quartier par quartier, un
registre exact contenant les noms des gens à soulager.
Ce serait le bureau de renseignements des personnes
bienfaisantes, et lorsqu'une députation, apportant des
fonds, chercherait à les appliquer, on devrait tirer au
sort la série à laquelle elle devrait être remise, fixant
d'avance une somme moyenne par chaque tête de malheureux.

C'est une idée que je voudrais voir adopter par des
gens de cœur et lui donner la perfection voulue.

Donner cinq francs par ci, cinq francs par là, c'est n'aider personne, entretenir une espèce de mendicité aussi dangereuse que les trente sous continués après le 28 janvier; s'ils eussent été supprimés alors, chacun serait retourné au travail, et qui sait si tous les malheurs n'auraient pas été évités.

Oui, les émotions des gens d'Auteuil ont été bien grandes; les fédérés avinés, se sentant perdus, voulaient se venger sur des victimes innocentes; ceux qui étaient enfermés dans des caves n'osaient pas en sortir, les craignant plus encore que la mitraille. Les 38e et 72e bataillons d'Auteuil étaient, aux yeux des fédérés, des affiliés de Versailles, parce qu'ils n'avaient pas voulu se joindre à eux.

Dans les décombres des maisons se trouvent mélangés tous les morceaux de fer provenant des belles portes et grilles d'Auteuil qui ont été brisées morceau par morceau et lancées au milieu des plâtras. De ces belles portes il ne reste plus que quelques barreaux contre les murs du bastion n° 3. — C'est de la place qu'occupait la gare qu'on embrasse bien les désastres.

RUE CHANET ou de l'ALMA, à droite; c'est là que se trouvent les bâtiments du dépôt de la Société des Omnibus, tout découverts, mais qui ont été préservés par le viaduc.

C'est dans cette rue, au n° 7, que se trouvait, au centre d'un superbe jardin, l'habitation de CASIMIR PÉRIER, incendiée et détruite avec tout son mobilier. Il ne reste de cette belle demeure que les arbres et la superbe grotte en tuf et stalactites.

Les restes des n°s 11 et 11 *bis* sont curieux à voir par un temps un peu sombre, au coucher du soleil; d'une maison ayant 12 fenêtres sur sa façade, il ne reste que le grand mur mitoyen, mais contre lequel aucune construction n'était appuyée; le mur avait été peint en vert-bleu, et lorsque le jour baisse et qu'un rayon de soleil se fait voir, ce grand mur fait l'effet d'un nuage bleu.

Les n°s 67 et 69, dans la Grande-Rue, en face de la porte d'Auteuil, pourront être réparés sans faire de construction nouvelle; ils se sont trouvés préservés par d'autres maisons; tout autour ce n'est que ruines.

Les dégâts dans la rue principale conduisant à la RUE LA FONTAINE vont jusqu'à la maison du PRINCE PIERRE BONAPARTE qui a été incendiée par les fédérés; c'était là que se trouvait leur grand état-major.

Les visiteurs habituels de Passy apprendront avec plaisir que la belle VILLA CAPRICE, propriété de M. KARFONKEL est intacte; on s'arrêtait avec tant de plaisir devant ses grilles élégantes pour jeter un coup d'œil sur les admirables massifs de fleurs toujours si bien entretenus.

La RUE ERLANGER a été bien épargnée; ce n'est pas à dire qu'il n'y ait pas beaucoup d'habitations qui en apparence, sans grands dégâts à l'extérieur, en ont suffisamment à l'intérieur; de ce nombre est celle de feu PONSON DU TERRAIL, portant le n° 11.

RUE MOLITOR. On a déjà réparé la maison du capitaine de la 1re compagnie du 72e bataillon de la garde nationale, M. ERSAN, tué à Buzenval.

Comme il y a *un Dieu pour les ivrognes*, il est certain qu'il y en a un pour les statues, clochetons et en général pour ce qui, le plus fragile ou en vue, devrait être plus facilement atteint. Ce qui me le fait dire, c'est que les réservoir et colombier très-élevés de la propriété de Mme Lecomte ont été complétement épargnés; c'est une fort jolie construction et très en vue. — Par contre la maison d'habitation est incendiée.

LA RUE POUSSIN jusqu'au marché est détruite. C'est du n° 15 de cette rue, à l'entrée du BOULEVARD MONTMORENCY, que l'on voit de grands désastres, notamment des n°s 61 à 73. Les n°s 35 à 59 du même boulevard sont à peu près intacts. Je ne veux pas dire qu'ils ont été épargnés à l'intérieur, mais les carcasses des habitations sont entières.

Ce boulevard Montmorency, autrefois si coquet, a bien souffert; les n⁰ˢ 21 à 33, qui se trouvent derrière la caserne du bastion 61, sont plus ou moins des ruines.

Le n° 27, propriété de M. Salles, est complétement écroulé et incendié; ce qui lui a valu cette gracieuseté des communeux, c'est qu'il avait, m'a-t-on assuré, douze cents bouteilles de vin dans sa cave. Après les avoir bues, ils ont pensé n'avoir rien de mieux à faire qu'à brûler la maison.

LE BOULEVARD DE BEAUSÉJOUR est moins maltraité que le précédent, au moins quant à l'extérieur.

Passons devant la VILLA ROSSINI, à la porte de Passy; demain je raconterai ma visite dans cette propriété en même temps qu'au CHATEAU DE LA MUETTE et dans la magnifique habitation de MADAME LA DUCHESSE RIARIO-SFORZA, au boulevard de l'Empereur. J'y ai tant vu de belles choses et recueilli tant de renseignements intéressants, qu'il ne faut pas couper le récit de mes visites dans ces trois endroits.

L'angle de l'AVENUE INGRES et du boulevard Suchet est une propriété de la ville de Paris, qui n'est pas trop endommagée. Le n° 8, à côté, a une forte brèche; le reste de la maison est intact et il en est de même à l'extérieur des n⁰ˢ 6, 4 et 2.

LE BOULEVARD SUCHET, entre les portes de Passy et de la Muette, est très-éprouvé.

Le n° 1 est endommagé, mais des *trois enfants portant une corbeille de fleurs* placés au centre de la façade, sur la corniche, un seul a le genou droit un peu touché, et les guirlandes de fleurs sculptées sont intactes; ce sont sans doute les armoiries du propriétaire, qu'on m'a dit être M. Fleury.

Le n° 3, un atelier de sculpteur, contient trois corps de bâtiments, dont l'un incendié.

Le n° 5 est une habitation démolie par les obus.

Les n⁰ˢ 15, 17, 19, 21, assez endommagés. Quant aux autres numéros, ils ont des dégâts

Les portes de Passy et de la Muette ont leurs portails en fer et grilles endommagés, mais non enlevés.

AVENUE DE L'EMPEREUR. — Le n° 182 est démoli par les obus. Le n° 180 est incendié complétement. Le n° 176 a reçu des obus.

Passy, dans ses charmantes villas, réunit des grands noms, des grands artistes, des hommes de talent, comme écrivains, industriels, ingénieurs, etc.

RUE DE LA TOUR, n° 152, tout à côté du boulevard de l'Empereur, est la belle habitation de M. Yvon. Ce grand peintre vient d'y passer trois jours pour constater tous les dégâts. Sa maison a terriblement souffert et les pertes des objets d'art sont grandes. M. Yvon n'était pas à Paris; il habite Londres dès l'ouverture de l'exposition et les importants ouvrages qu'il y a entrepris ne lui ont pas permis de rester longtemps ici. Le n° 150, propriété de Mᵐᵉ Claude Vignon, est endommagé; il en est de même du n° 148 à M. Chesson, l'ingénieur habile qui, pendant le siége, avait établi des moulins à la gare d'Orléans pour nous préparer la fameuse farine des *brioches Ferry*; il est probable qu'il aurait préféré employer ses meules à quelque chose de mieux.

Le n° 146, propriété de M. Bouffard, en face des jardins de la ville de Paris, a eu son premier étage incendié le vendredi 19 mai.

Les n⁰ˢ 125, 134, 136, 144, 146 de l'avenue de l'Empereur ont tous été endommagés. Les arbres, candélabres de cette avenue sont intacts.

La batterie fédérée placée au Trocadéro a occasionné les dégâts en forçant le Mont-Valérien à rompre le silence; ils ne sont pourtant pas grands, et les murs neufs du cimetière de Passy ont été fort peu endommagés.

LES VILLAS RIARIO-SFORZA ET ROSSINI

PASSY ET LE CHATEAU DE LA MUETTE

L'une des plus belles habitations de Paris et en tout cas l'une de celles où l'on trouve tout réuni, est la villa de MADAME LA DUCHESSE RIARIO-SFORZA, sœur de celui qui fut le premier des orateurs. Comme le cœur de cette dame saignera, lorque, se décidant à quitter son château d'Augerville-la-Rivière, ancienne propriété de son frère, elle viendra constater les désastres causés par l'insurrection dans son habitation vraiment princière du boulevard de l'Empereur, n° 133, et voir ses deux propriétés de la rue Royale détruites.

Que de magnificences endommagées dans ce petit palais; on peut juger de ce qu'il était par ce qui a été miraculeusement conservé; il est bâti sur un emplacement créé par l'ouverture de l'avenue de l'Empereur, au devant des anciennes propriétés d'YVON et FIORENTINO, devenues celles de la sœur de l'AVOCAT BERRYER.

Tout est assorti dans ce charmant séjour, tout y est beau et surtout de bon goût; ce n'est pas le tout de dépenser de l'argent, il faut savoir bien le faire.

L'entrée ordinaire est gardée par deux lions de petite taille fort bien placés sous des massifs de verdure, leurs yeux brillants et la bonne couleur jaune-brun, donnée à leur bronze, les fait regarder avec attention; l'un d'eux a eu le côté percé par un petit boulet, qui ne l'empêche pas de se tenir crânement sur ses jambes.

Le pérystile de l'entrée principale est orné de deux belles statues, *la Chasse* et *la Pêche*, parfaitement intactes.

Dans le vestibule, une statue placée au bas de l'escalier tient dans sa main un flambeau à gaz ; elle a été épargnée, quoiqu'un éclat lui ait passé devant en allant frapper le mur de l'escalier.

La salle de billard avec ses belles tapisseries de Neuilly, à fleurs sur fond blanc, a conservé intactes les glaces des quatre angles, tandis que celles des fenêtres ont été brisées par les détonations d'obus tombés sur le balcon.

Le bris provenant de la détonation d'obus est fort curieux, on en a vu un exemple à la rue de Rivoli, près de l'Hôtel de Ville, où une glace avait été divisée en 70 morceaux environ, presque égaux. La détonation d'obus produit son effet sur le centre de la glace et la divise en lames à peu près égales, formant des rayons s'élargissant vers les bords.

Le salon du balcon du centre présente une rareté qui sera sans doute conservée. Le salon est double ; au centre, entre deux portes réunissant les deux parties, est une cheminée double aussi, ayant une glace sans tain ; dans l'une et l'autre partie une grande glace fait face à la cheminée.

L'une de ces glaces a reçu une balle qui lui a enlevé, dans le centre, au bas, la grandeur d'une pièce de cinq francs et formé cinq ou six rayons serpentants ayant à peine de 20 à 25 centimètres de longueur. Le reste est intact.

La pièce capitale de la maison est un grand salon à sept fenêtres ou balcons. Que de richesses et de bon goût dans ce *salon à toutes mains*, car madame la Duchesse y fait alternativement ses réceptions, y donne des concerts ou des dîners.

Les murs et embrasures sont recouverts d'un beau bois brun sculpté, rehaussé de dorures. La corniche est superbe, mais n'ayant malheureusement pas des connaissances en architecture, je ne puis pas la décrire. Le plafond en bois sculpté divisé par compartiments est orné de belles peintures de *Pierre Ciceri* et d'écussons *aux armoiries de la Duchesse provenant de la manufacture nationale* de Sèvres.

Le plus bel ornement de ce salon est la superbe cheminée monumentale en bois brun sculpté au centre de laquelle est une pendule placée dans les sculptures bordées d'or et surmontée d'une grande glace sur le devant de laquelle est un candélabre à branches nombreuses. Tout l'intérieur de la cheminée est en porcelaine de Sèvres.

Cette pièce splendide a reçu deux obus, qui par grand bonheur n'ont pas éclaté, sans quoi tant de richesses étaient anéanties; l'un, entré par la glace d'une fenêtre du côté sud, est tombé sur le parquet qu'elle a enfoncé; l'autre, entré par une fenêtre du côté ouest, est allé se jeter à l'angle opposé traversant le mur et ne faisant qu'un dommage très-réparable.

A côté de ce salon est un petit boudoir avec cinq lustres en cristal; le luxe de cette pièce est dans les superbes peintures de tout l'intérieur de la cheminée, sorties de la manufacture de Sèvres.

Le premier étage et les combles ont reçu de nombreux obus.

Toutes les fenêtres du rez-de-chaussée sont plus ou moins endommagées; deux statues sur la façade du côté de l'avenue sont encore intactes; il n'en a pas été de même de celle qui se trouvait au centre du pavillon orné de glaces du côté de la grille; celle-ci a près de trente ouvertures dans ses barreaux brisés.

Se dirigeant vers le fond du jardin, on trouve la belle salle du théâtre et concert bien abimée, surtout l'un de ses magnifiques lustres; cette salle est appuyée à la maison de Fiorentino, dont les pièces du rez-de-chaussée servent de foyer, trois obus y sont tombés.

En sortant de l'ancienne habitation de Fiorentino, on arrive au pavillon chinois, un obus l'a traversé de l'angle nord-ouest à l'angle sud-est et est allé tomber dans les jardins de la ville de Paris.

On remarque les belles volières chinoises en se rendant à l'ancien atelier d'Yvon, où un obus a traversé le mur. Les magnifiques stalactites encadrant la voûte de la grande porte d'entrée n'ont pas eu de mal. Le local est si vaste qu'il avait servi l'hiver dernier pour y établir une ambulance, et l'ancien cabinet du peintre servait de chapelle et de pharmacie.

Le kiosque mauresque a eu ses glaces brisées et son dôme traversé.

La perte de cet immeuble atteint directement la fortune de *Mme Riario-Sforza*, tandis que celle des deux maisons de la *rue Royale* amoindrit la fortune de l'*Assistance publique*, M. *Janson de Sailly*, que la sœur de Berryer avait épousé en premières noces, n'ayant laissé à sa veuve que le revenu de ces deux immeubles qui sont la propriété des indigents.

———

Quittant la villa de la parente du cardinal-archevêque de Naples, nous nous acheminons vers la villa de la veuve du grand compositeur de Pesaro, à la porte de Passy, bâtie sur un terrain dont la ville de Paris s'est réservé la priorité en cas de vente.

Si l'on n'entrait pas dans la maison, on ne pourrait pas croire à tant de dégâts, malgré qu'on voit bien que la face ouest est percée de 25 obus.

De toute la maison, il ne reste qu'une pièce parfaitement intacte, c'est la chambre à coucher de Mme Rossini, au premier étage sur le jardin.

Mme Rossini avait eu, l'hiver dernier, ses appartements occupés par les francs-tireurs de la Seine, qui les ont laissés dans un état tel qu'il a fallu faire venir immédiatement peintres et menuisiers.

La maison venait à peine d'être remise tout à neuf, les ouvriers y étant encore pour y mettre la dernière main, que les exploits de la Commune ont obligé Mme Rossini à quitter son hôtel.

La maison est percée dans tous les sens, du haut en bas ; du rez-de-chaussée on aperçoit la toiture.

Tout le parquet du corridor et les poutraisons devant la chambre *du maëstro* sont enlevés, et il ne reste d'intact que la rosace au centre du plafond.

Le grand salon a les peintures de son plafond encore assez bien conservées, malgré sept trous provenant d'obus ayant traversé depuis le premier étage. Ces sept trous sont placés dans un carré n'ayant pas plus d'un mètre et demi de longueur sur autant de largeur.

Les dépendances du sous-sol ont eu les plafonds de la cuisine et d'une pièce attenante enfoncés par deux obus tombés à l'étage au-dessus.

On peut juger si les pauvres domestiques qui n'avaient pas quitté la maison ont dû passer de mauvais moments.

Cette perte à l'intérieur de son habitation n'aurait pas affligé Rossini autant que les dégâts de son jardin. Après avoir recueilli tant de lauriers, comblé d'honneurs et de fortune, l'illustre compositeur s'était voué tout entier aux jouissances horticoles ; il avait un goût particulier pour l'arboriculture, et apportait autant de soins à diriger ses poiriers, pommiers et cerisiers, qu'il en mettait autrefois à diriger ses légions de violons, flûtes et hautbois.

Rossini montrait avec orgueil son potager, et ses *quenouilles, palmettes, pyramides* et *cordons* étaient ses bien-aimés ; la vue des membres mutilés de quelques-uns l'aurait profondément attristé.

Rossini avait aussi des statues dans son jardin, aux quelles il tenait beaucoup. A droite et à gauche de sa maison sont deux superbes massifs de rhododendrums au centre desquels étaient placées deux statues. Celle du côté de Passy a été brisée, et les morceaux épars, la tête disparue, ne m'ont pas permis de distinguer très-exactement le sujet qu'elle représentait, c'est un chanteur enveloppé d'un manteau et tenant une guitare, probablement le *comte Almaviva* chantant sa romance sous les fenêtres de Rosine. Rubini transporté à Passy rappelait à *Rossini* Naples, la *Malibran, Tamburini, Lablache.* Le souvenir du *Barbier de Séville* au *San Carlo* était pour le compositeur et ses quatre grands interprètes l'un des plus beaux de leur vie. C'est ce qui m'a été raconté autrefois par l'excellent Rubini, qui lui aussi s'était retiré à *Romano* près de *Bergame,* où il se livrait à la culture des melons et autres légumes, entouré de ses neveux, petits-neveux au nombre de vingt-huit, ce qui lui faisait dire que s'il n'avait pas d'enfants, ses frères lui avaient préparé suffisamment d'héritiers.

Rubini et Rossini, maraîchers et arboriculteurs millionnaires, amateurs comme le fraisier Alphonse Karr, trouvaient autant de jouissance dans la vie simple où ils s'étaient retirés que lorsqu'ils recevaient les hommages d'admiration qui leur étaient prodigués par les têtes couronnées et les appréciateurs de leur talent.

Le gazon de la villa de la Porte de Passy a été labouré par les obus.

Au milieu du jardin est une magnifique fontaine; le grand bassin, d'environ 7 mètres de diamètre, a été fracassé par les projectiles; au centre un superbe groupe de trois statues supportant une coupe d'une circonférence de 5 à 6 mètres est resté parfaitement intact, pas une seule écornure. Le sort de ce groupe, miraculeusement sauvé au milieu de la grêle des projectiles, était la principale préoccupation des gens de Mme Rossini qui profitaient de tous les moments de trève pour sortir de leur cachette et jeter un coup d'œil du côté des statues.

LE DANSEUR qui est placé au centre du pavillon mauresque a été amputé de la jambe gauche par un obus, des balles lui ont enlevé le bout des doigts, mais il n'en continue pas moins sur sa jambe droite seule; il n'a pas lâché les castagnettes qu'il tient dans la main gauche; celles de l'autre main ont disparu avec les doigts.

Ce danseur bien-aimé du grand maestro n'a pas trop souffert, sa bonne figure souriante montre qu'il pourra continuer son emploi lorsque Mme Rossini l'aura confié à des mains habiles qui lui rendront le membre perdu.

Si le compositeur de *Sémiramis*, de *Guillaume-Tell* et du *Siége de Corinthe* eût vécu, il aurait pu faire une nouvelle grande composition, le *Siége de Paris*; le sifflement de l'ouragan des obus sur Auteuil, le fracas des éclats, le grondement du canon, le roulement des tambours et le son des clairons auraient inspiré au général en chef des instrumentistes une tempête foudroyante accompagnée de lamentations et cris douloureux surpassant encore en magnificence l'orage de Guillaume-Tell éclatant au milieu de la solitude des Alpes et ayant pour unique spectateur le petit berger qui, lorsque le calme est revenu dans la nature, fait résonner le cor pour montrer sa joie d'avoir échappé au danger.

Le génie de Rossini aurait créé quelque nouveau chef-d'œuvre et, mettant en bataille ses légions de violons accompagnées de la voix plaintive du violoncelle, après leur avoir fait exécuter les terribles variations du fléau dévastateur, joignant la harpe, les clarinettes, flûtes et hautbois, il aurait entonné le *chant de la paix*, qu'il serait désireux de voir devenir la seule et unique préoccupation de tout bon citoyen appartenant à la nation affligée.

Cherchant dans les rues de Passy les traces des désastres annoncés par tant de journaux, j'ai bien de la peine à trouver quelques dégâts. Pourquoi cette manie d'exagérer? Il en est pour les maisons comme pour les individus, chacun veut avoir reçu quelque blessure qui le fasse distinguer.

Passy proprement dit n'a pas de grands dommages. Quelques traces de projectiles et balles dans les rues de Passy, de l'Annonciation, de la Pompe, Mozart, Largilière, Nicolo, Franklin.

Je signalerai cependant comme ayant plus souffert les n°⁸ 9, 10, 12, 13, 14 de la chaussée de la Muette.

Passant RUE LARGILLIÈRE, n° 7, j'aperçois au centre de la cour un superbe groupe de statues bien plus grandes que nature. Ce sont *les Naufragés de* M. ETEX qui ont figuré à l'exposition de 1867 et qui s'étaient réfugiés à Passy; ils avaient mal choisi leur lieu de villégiature, mais s'ils ont été imprudents, ils n'ont du moins pas été malheureux; on ne peut pas toujours l'être, c'est déjà bien assez d'un naufrage.

Si j'étais grand seigneur, je voudrais avoir le beau marbre de M. ETEX qui a assisté au siége de Paris, à l'occupation prussienne de trois jours et finalement au siége de la Commune, sans avoir reçu la moindre égratignure. Je voudrais cependant bien savoir pourquoi M. ETEX a fait de son personnage principal un *Achille;* est-ce à dessein ou bien un accident?

En tout cas ce n'est pas un *Achille au pied léger*, il est resté bravement à son poste.

Revenant d'Auteuil, samedi soir, 17 juin, un *Monsieur bien informé* me dit qu'il a visité le château de la Muette, que c'est un désastre affreux à voir, qu'il y a au milieu des jardins un réservoir, soit pièce d'eau dans laquelle il est tombé plus de 500 obus.

Je me proposais précisément de me rendre le dimanche dans la belle propriété de madame erard, et sur ce qui venait de m'être dit, je craignais d'avoir à constater des pertes sans nombre et les châteaux incendiés. J'ai retrouvé le vieux château en aussi bon état que lorque le brave *amiral Florio de Langle* négligeamment étendu sur le canapé de son bureau passait quelque recommandation au *commandant Denuc*, type du vrai marin et travailleur infatigable qui n'a besoin ni de secrétaire ni de lunettes pour tracer vivement et correctement ses pensées et écrire ses ordres.

Le château neuf se présente toujours aussi coquettement, et l'on voit que plus heureux que le château de Saint-Cloud, les marins qui occupaient le Mont-Valérien pendant l'insurrection ne lui ont pas tiré dessus, croyant de faire feu sur a batterie placée dans la propriété; c'étaient de meilleurs pointeurs que ceux du mois a'octobre.

Cinq obus en tout sont tombés sur les deux châteaux et n'y ont pas causé de grands dégâts; une cheminée a été coupée.

J'ai eu sur place l'explication des 500 obus de mon *homme bien informé*; il y en a en effet dans le réservoir qui y ont été mis à dessein; ce sont des obus trouvés dans le parc, qui n'ayant pas éclaté y ont été jetés crainte d'accident. Leur nombre est de 40.

Dans le fond du jardin, sur le boulevard Suchet, au *Saut-du-Loup*, les Fédérés avaient établi une batterie de cinq pièces de 7, se chargeant par la culasse et qui n'ont jamais servi. Dès que le Mont-Valérien l'avait aperçue, il s'était empressé de la saluer, c'est pourquoi environ 200 obus ont été envoyés en tout dans le parc de la Muette ; cinq sont tombés sur les châteaux, six dans les écuries et six dans le potager, dont un à l'entresol du jardinier. Les autres ont brisé des arbres ou labouré des gazons.

Le château de la Muette est depuis fort longtemps la propriété de la famille Erard, la Ville et l'État n'ont rien à y voir ainsi que beaucoup de gens le croyent : madame Erard en est seule et unique propriétaire ; il fut acheté en 1820 par *M. Sébastien Erard* ; un titre joint à l'acte d'achat, signé par le *roi Louis XVIII*, contre-signé par le ministre *comte de Choiseul*, atteste que *la Charte consacre à chacun les bienfaits de la propriété.*

Le château de la Muette fut la première propriété de l'État vendue après 1789.

Ce que Mme Erard regrette, c'est la perte de onze beaux tilleuils au rond-point du Souffléur, ainsi nommé à cause de la statue qui est au centre. Le *génie* qui est souvent en désaccord avec l'*artillerie* est la cause de la perte de ces onze beaux arbres, abattus par ordre du commandant Rateau qui voulait y faire établir une batterie ; le capitaine d'artillerie prétendait, au contraire, que ces arbres protégeraient et devaient être conservés, mais le supérieur en grade voulant faire comprendre que le nombre des galons prime sur tout, a fait immédiatement abattre les arbres ; et comme finalement la batterie reconnue inutile n'a pas été construite, M. Rateau a réussi à faire sans profit de la peine à madame Erard.

Le château de la Muette a été la demeure de *Louis XVI* avant qu'il fut roi ; c'était le beau *rendez-vous de chasse des Bourbons*, et les meutes étaient logées où se trouvent maintenant les bureaux des services de la Ville de Paris.

LE CHALET DE LAMARTINE
LES SERRES DE LA VILLE DE PARIS

C'est à l'obligeance de M. Léon Boizard, jardinier de M. de Lamartine, que je dois d'avoir pu visiter dans tous ses détails l'habitation de l'illustre poëte, vu et touché tout ce qui lui avait appartenu. Ma visite de dimanche 18 juin comptera comme un bien agréable souvenir.

Cinquante-deux obus sont tombés dans le JARDIN DE M. DE LAMARTINE, quatre dans le chalet ; sur ces 56, seize n'ont pas éclaté.

La balustrade en fer recouverte de lierre qui entoure cette charmante propriété a reçu 53 projectiles, c'est-à-dire qu'elle a 20 trous dans la partie donnant du côté du château de la Muette et 33 sur le boulevard de l'Empereur.

Les 4 pièces du rez-de-chaussée sont fort endommagées, le grand salon et le petit salon de Mme de Lamartine se sont trouvés réunis par l'effet d'un obus qui traversant le mur a brisé porte et cloison.

Cet obus a été le signal du départ de L'ÉTAT-MAJOR DE LA COMMUNE et des 62 artilleurs qui occupaient la demeure de celui qui fut l'homme le plus pacifique ; ils furent effrayés et délogèrent.

La chambre où est mort Lamartine est la seule pièce respectée de la maison, c'est providentiel.

La chambre à côté est celle de sa nièce MADAME LA COMTESSE DE CESSIAT, un obus de 12 y est entré par la fenêtre, a traversé le dossier d'une chaise en laque qui se trouvait au pied du lit, brisé le panneau d'acajou du lit, et, s'amortissant dans les matelas, n'a pas éclaté. Les autres pièces du 1ᵉʳ étage sont mitraillées.

La salle à manger attenant au chalet, mais dans un bâtiment spécial, n'a aucun mal.

Maintenant que j'ai fait connaître la maison, je vais indiquer ses trésors.

La compagne du poëte était peintre de talent et elle se plaisait à orner la demeure de celui qu'elle adorait.

Que de déceptions et de chagrins n'eurent pas ces deux êtres d'élite ; cela prouve une fois de plus que le bonheur parfait ne peut pas se rencontrer sur cette terre.

LAMARTINE était le voisin de Mᵐᵉ la duchesse de *Riario-Sforza ;* lorsque le *Prince de l'éloquence* venait chez sa sœur où il trouvait tant de bonheur, il pouvait serrer la main du *Prince des sentiments élevés,* puisqu'une simple grille sépare les deux propriétés.

BERRYER et LAMARTINE *à Passy ;* il aurait fallu surprendre les conversations de ces deux hommes distingués, quoique de natures si différentes, le *positif* et l'*idéal ;* il a été épargné à ces deux cœurs généreux de voir les désastres de leur patrie.

La cheminée du salon principal est garnie de faïences peintes, comme tout ce que je vais indiquer, par Mᵐᵉ de Lamartine, elle est restée intacte.

Dans le petit salon à côté, la cheminée également garnie de porcelaines, vrai chef-d'œuvre, a reçu un petit éclat d'obus qui a brisé un angle long d'environ 20 centimètres sur 8 à 10 et qui, facilement réparable, ne dépare en rien les belles peintures.

Le panneau de gauche représente un petit génie au milieu des fleurs et tenant un luth.

Le panneau de droite a pour sujet un petit génie tenant des palmes.

La partie supérieure est aussi la supérieure comme beauté.

Un génie présente et soutient de son bras gauche les armes de la ville de Paris. De l'autre côté, son compagnon soutient du bras droit les armes de M. de Lamartine.

Au centre, un génie tenant des palmes, et deux autres planant au-dessus.

Je regrette de ne pouvoir faire une description plus détaillée; j'admire le beau en peinture, mais n'ai pas les connaissances pour mettre en relief toutes les finesses du travail; il y a peut-être aussi des allégories qui m'échappent.

Derrière le salon est le cabinet de travail de M. de Lamartine; il est endommagé comme toute la maison, mais légèrement, et la jolie cheminée peinte sur porcelaine a pour sujet trois bouquets de fleurs des champs. Comme ils sont gracieux et bien arrangés ces bluets, ces pavots, ces épis de blé! Par la bonne disposition des fleurs on devine que le peintre les aimait.

Arrivé au premier étage, on est attristé en voyant les lambeaux du chef-d'œuvre de Mme de Lamartine, brisé, brûlé par l'obus.

C'est, ou plutôt c'était la *Vierge aux Raisins*, bien connue des nombreux amis et admirateurs du poëte.

Un grand tableau de marine, effet de tempête, a été brisé dans la *tempête des obus*.

On soulève une portière de belle étoffe pour entrer dans la chambre qui reçut le dernier soupir du *Voyageur en Orient*.

Cette pièce a deux fenêtres sur le balcon et une sur le jardin; c'est de ce côté qu'est appuyée la tête du lit; elle est dans le même état que lorsqu'elle était animée par la présence de l'auteur de *Jocelyn*.

Les meubles sont en palissandre, bordés de bois de rose; des ornements en bronze doré entourent des médaillons en porcelaine.

Je ne m'étendrai pas davantage sur les détails d'ameublement de cette pièce, ce serait vouloir attirer une attention ridicule, quand une seule chose doit se présenter à la pensée du visiteur admis dans ce lieu que remplit la mémoire d'un des plus grands écrivains, et en tout cas, celui des sentiments les plus délicatement exprimés et sentis.

Cette pensée, c'est l'amertume dont ont été abreuvés les derniers moments du président du Gouvernement provisoire de 1848, auquel on n'a jamais assez tenu compte des efforts qu'il fit alors pour le repos de la France.

La chambre à manger peut s'appeler le MUSÉE LAMARTINE. Que d'hommes distingués ont dû venir s'asseoir à cette table, ayant toujours pour spectateurs l'élite des poëtes, philosophes et sculpteurs; ils étaient toujours là quatorze.

Ce qui fait l'ornement de cette salle à manger, ce sont ses quatorze panneaux peints sur toile par Mme de Lamartine.

Au centre de chaque panneau est placé un médaillon ond sur terre émaillée, de 20 centimètres de hauteur.

C'est, à droite et à gauche de la cheminée,

 AROUET DE VOLTAIRE

MICHEL—ANGELO BUONAROTTI.

C'est, sur le mur plein,

OSSIAN

LORD BYRON

MOHAMMED HAFIZ

TORQUATO TASSO

VIRGILIUS MARO

JOHN MILTON

JEAN—BAPTISTE MOLIÈRE

LUIS DE CAMOENS

A gauche et à droite de la porte d'entrée,

PIERRE DE RONSARD

ΑΙΣΧΥΛΟΣ

Enfin entre les deux fenêtres,

THÉOPHILE KLOPSTOCK

FRÉDÉRIC SCHILLER

Tous ces émaux sont peints par Mme de Lamartine.

Les quatre angles du plafond sont ornés de médaillons sur toile, les figures de grandeur naturelle représentent :

La Sibylle de Perse.
La Sibylle de Cumes.
La Sibylle de Tibur.
La Sibylle de Samos.

Comme dans les feux d'artifice, j'ai gardé le bouquet pour la fin.

Un vrai bouquet, et quel bouquet ! C'est le morceau capital du musée.

Au-dessus de la porte d'entrée, et tenant toute sa largeur, une superbe peinture sur porcelaine, des *raisins*, des *pêches* et des *fleurs magnifiques*.

C'est le dernier ouvrage de la femme regrettée du poëte; la maladie qui l'emporta ne lui permit pas de l'achever complétement; il y manque peu de chose, il est vrai, mais Mme de Lamartine, artiste dans le fond de l'âme, sentant que sa fin approchait, se préoccupait toujours de ce que cette peinture n'était pas achevée; elle s'en est occupée jusqu'à sa dernière heure.

Je quitte donc ces fleurs superbes pour aller voir celles des SERRES DE LA VILLE DE PARIS; là je me trouve dans mon élément et me rappelle que j'ai été le secrétaire-fondateur de la société d'horticulture de Genève, et son président pendant longtemps.

J'aurais dû commencer le récit de cette journée par ma visite au FLEURISTE, puisque c'est elle qui m'a procuré le bonheur d'aller chez M. de Lamartine; mais j'ai cru, dans cette occasion, devoir céder le pas à ce qui rappelle une grande mémoire.

C'est dimanche, les ouvriers sont à la promenade; seul LE DIRECTEUR est à son poste; M. RAFARIN veut bien m'ouvrir la porte qua d il voit que ce n'est pas une simple curiosité qui m'amène.

Pauvres jardins! que je n'avais pas revus depuis plus d'une année alors qu'ils étaient dans toute leur splendeurs

Comme je m'informe vite de la santé de ces belles collections d'*azaléas,* de *camellias, palmiers,* qui font la richesse de l'établissement. Avec quel plaisir j'apprends qu'elles ont peu souffert, satisfaction qui sera partagée par tous les amis de l'horticulture !

LE FLEURISTE DE LA VILLE se compose de trente-neuf serres et d'un nombre infini de couches. Trois seulement de ces serres ont échappé aux balles et obus; trente-six sont endommagées plus ou moins.

La surface des verres brisés est de 2,011 mètres carrés, d'après le rapport fait à l'administration par M. Rafarin.

Le devis du serrurier pour travaux le concernant et verres demi-double à fournir est de 20,000 fr., et le directeur trouve qu'il doit se contenter de 17,000.

Voilà donc à quelle somme s'élèvent les dommages communeux :

Quarante cloches et leurs boutures ont été perdues.

3,917 plantes détruites. Laissant de côté le fretin, les pertes réelles se réduisent à :

65 palmiers.

42 grosses plantes diverses.

45 azaléas, grands.

10 pandanus, forts.

12 camellias.

1 cycas.

2 dracaenas forts, 5 mètres de hauteur.

1 grand araucaria excelsa.

Chacun doit se féliciter que les pertes ne soient pas plus grandes, car LE FLEURISTE de la ville de Paris est l'un des établissements procurant le plus de jouissances aux yeux des habitants et visiteurs de la capitale, puisque c'est lui qui orne de fleurs les jardins publics et promenades.

La grande serre aux camellias a fort peu souffert et les magnifiques pieds sont dans le plus parfait état; les douze qui ont été perdus se t·ouvaient dans le jardin d'Hiver, soit serre aux azaléas.

Il s'est produit dans la serre des palmiers de serre chaude le fait le plus extraordinaire qu'on puisse imaginer.

On plaisante quelquefois en disant *une tempête dans un verre d'eau*, mais cette fois-ci on peut dire *un typhon dans une serre*.

Au centre de la serre des palmiers se trouve un bassin d'un diamètre de 7 mètres, profond d'un mètre et 20 centimètres environ.

Sur ce bassin sont placées des traverses en fer soutenant des caisses contenant des *pandanus*, caisses du poids de 100 à 110 kilogrammes.

Pour les personnes qui ne savent pas ce que c'est qu'un *pandanus*, je dirai tout simplement que c'est une plante de serre chaude à feuillage très-allongé, de vraies lames de sabre ayant jusqu'à trois mètres de longueur et même quatre.

Un obus, venu du Mont-Valérien, du côté du chalet

Lamartine, sur le mur de clôture duquel il a laissé des traces de son passage, est tombé au bord du bassin, a soulevé complétement l'eau ; la nappe de liquide, en s'élevant, a enlevé les caisses contenant les pandanus à plus de six mètres de hauteur.

La pression atmosphérique a soulevé les châssis de la serre et livré passage à l'eau, les feuilles de pandanus ont dépassé la charpente en fer des châssis, les fenêtres en se refermant ont pressé les feuilles, et les caisses sont retombées.

Par l'effet du même obus, un grand *cycas*, l'un des plus beaux spécimens connus en Europe, caisse du poids de 200 kilog., a été renversé et porté à une distance de trois mètres.

Lors de ma visite chez la duchesse de Riario-Sforza, j'ai dit que l'obus entré dans le pavillon chinois l'a traversé et est allé tomber dans les jardins de la ville.

Cet obus, du côté du Fleuriste, a fait dans le mur mitoyen une brèche de 80 centimètres carrés, a continué sa route en entrant dans la serre des palmiers de serre froide, a coupé un *chamerops* excelsa, quatre plantes diverses, deux gros *dracaenas* et n'a pas éclaté.

La serre à *fougères* a été visitée par plusieurs éclats et par un obus qui, la traversant, est allé tomber dans le chemin de fer de Ceinture qui passe en tranchée au milieu des jardins.

La belle serre, qui lors de l'exposition universelle de 1867 était connue sous le nom de Serre de l'Aquarium, a été transportée au Fleuriste. Un obus qui a éclaté au milieu de ce jardin d'hiver n'y a pas laissé une vitre. C'est, de toutes, celle qui est complétement déshabillée.

Dans ce que j'ai appelé *le fretin*, la perte de la splendide collection de *Calladiums* sera sensible aux visiteuses de l'établissement, qui admiraient toujours tout particulièrement la richesse, la beauté et la variété de couleurs des feuillages de cette plante.

Grâce à la bonne administration qui a toujours présidé à la dircction des serres de la ville de Paris, nous pouvons espérer revoir bientôt ces jardins dans leur état normal.

Puisque je suis daus les fleurs, je dirai que les magnifiques ORANGERS DES TUILERIES ont fort bien passé l'hiver et sont en bon état.

Ceux de SAINT-CLOUD, malheureusement, ont tous été perdus; ils n'avaient pas été enlevés en automne, et lors de ma dernière visite aux ruines de cette belle résidence où s'étalèrent toute la magnificence de la cour de *Napoléon Ier* et la vie paisible de *la famille* de *Louis-Philippe*, ils étaient encore tout le long de l'avenue qui s'étend devant la terrasse du château.

Les princes d'Orléans, redevenus selon leur désir de simples citoyens, ont été la semaine dernière voir les ruines du palais où, il y a trente-quatre ans, ils recevaient cette princesse *Hélène de Mecklembourg* qui aurait dû devenir *reine de France* et qui, sans contredit, montra un grand courage quand, lors des événements de février 1848, elle se présenta à la Chambre pour soutenir les droits de son fils.

Neuilly nous rappellera encore cette famille; on sera surpris d'apprendre qu'un petit monument, cher comme souvenir, a échappé au milieu de la pluie de balles à toute détérioration.

PORTES MAILLOT ET DES TERNES —

NEUILLY

S'il est des quartiers plus désolés quant à la destruction complète des maisons, il n'en est point où le nombre des bâtiments endommagés soit aussi grand qu'aux avenues de la GRANDE-ARMÉE, des TERNES et de NEUILLY.

Les maisons se suivent et se ressemblent malheureusement trop.

Les combats d'artillerie qui se sont livrés sur ces avenues et qui ont duré si longtemps ont atteint toutes es maisons; il y en a de plus ou moins endommagées, et ce ne sont pas celles qui à l'extérieur paraissent avoir peu souffert, qui sont les moins malheureuses.

Dans ces grandes voies, où toutes les maisons sont appuyées les unes contre les autres, le dommage est moins apparent; c'est l'intérieur qu'il faut visiter.

Le voisinage immédiat de la PORTE-MAILLOT, c'est-à-dire les maisons situées près de l'enceinte, est entièrement détruit, incendié, écroulé; c'est la préface du livre de Neuilly.

Comme à Auteuil, le concert des obus était formidable.

Les batteries de COURBEVOIE, du MONT-VALÉRIEN, du CHATEAU DE BÉCON ont envoyé jusqu'à 58 projectiles à la minute sur la Porte-Maillot, qui est complétement détruite et dont les grilles en fer ont volé en éclats, pourtant moins qu'à Auteuil; il en reste encore quelques débris sur place, tandis que Montretout n'a rien laissé.

Les fédérés avaient fait sauter le tunnel qui se trouvait au-dessous de la Porte-Maillot pour le passage du chemin de fer de ceinture; ils avaient ainsi formé une grande tranchée.

Les remparts sont aussi endommagés qu'à la porte d'Auteuil.

Je ne décrirai de Neuilly que les rues suivantes :

RUE BORGHÈSE.

RUE PEYRONNET.

RUE DE CHEZY.

AVENUE DU CHATEAU.

BOULEVARD INKERMANN.

AVENUE DU ROULE.

AVENUE SAINTE-FOY.

Ces sept rues et boulevards représentent à eux seuls presque autant que tous les désastres de Paris proprement dit, et sont d'une nature toute différente.

Quiconque n'a pas vu le groupe de maisons que je vais décrire n'a rien vu des horreurs de la guerre civile.

Une batterie gigantesque avait été établie par les fédérés entre la RUE DE CHEZY et la RUE BORGHÈSE, battant la barricade sur l'AVENUE DU CHATEAU, N° 21, à l'angle nord de la rue Borghèse, prise par les Versaillais.

La rue Borghèse, entre la rue Chezy èt l'avenue du Château, est tout ce qu'il y a de plus affreux à voir.

Bien des gens diront que j'exagère; eh bien! non. Ce qu'on y voit est au-dessus de l'imagination; si on ne l'avait pas vu on ne pourrait pas l'inventer.

Les combats entre fédérés et Versaillais ont été des plus terribles, l'acharnement était aussi grand d'un côté que de l'autre. Que de malheureux ont employé à une mauvaise cause un courage auquel on ne peut accorder l'admiration! Chacun doit les maudire, mais non les dénigrer.

J'entends parler de ceux qui ont combattu à Neuilly avant le 20 mai ; depuis lors on ne peut plus faire de catégories ; les complices des pétroleurs sont aussi coupables que les vrais auteurs ; pour eux, la fusillation était une mort trop douce.

Il faut avoir été au milieu des flammes et s'être enfui pendant la nuit, traversé des rues désertes avec la crainte de recevoir quelque projectile, pour savoir ce qu'était Paris après le 20 mai. Qu'on ne parle pas de clémence pour ceux qui après cette date ont conservé les armes, et pour ceux qui aujourd'hui encore tendraient à maintenir l'agitation dans le pays.

Les combats dans la rue Borghèse se faisaient à bout portant ; les Versaillais étaient d'un côté de la rue, derrière les murs ; les fédérés derrière ceux de l'autre côté : aussi sont-ils marbrés de coup de balles.

Le portail en fer garni de tôle à l'intérieur du n° 46 est curieux à examiner ; je n'ai jamais rien vu de pareil ; toutes les maisons démolies, incendiées ; c'est la désolation des désolations.

Mais ce qui produit le plus d'effet, c'est l'état des arbres de la rue ; c'est là qu'on peut être accusé d'être *fantaisiste*. La RUE BORGHÈSE, ouverte dans les terrains de l'ancien parc de Neuilly, avait lors de sa création été plantée de sycomores ; cette essence d'arbre croît assez rapidement, de sorte qu'ils ont tous des troncs variant de 20 à 30 centimètres de diamètre.

Les obus des deux barricades ont tellement balayé cette rue qu'il ne reste pas un arbre ; ils ont *tous* été coupés par les projectiles, à des hauteurs variant de un à quatre mètres.

Ces arbres, plantés de six à sept pas de distance les uns des autres, ont en outre dans chacun des troncs des quantités énormes de balles et d'effleurations de bombes, boulets et obus.

La même observation s'applique aux arbres de l'avenue du Château, qui sont aussi des sycomores ; mais ils ont été décapités à une plus grande hauteur, de 3 à 6 mètres.

L'avenue des Saussaies et le boulevard Bineau n'ont pas été trop maltraités.

Les murs de séparation de tous les jardins ont été démolis pour communiquer entre toutes les propriétés.

De grandes tranchées étaient établies dans toutes les villas, le long des murs ou grilles longeant les avenues et rues.

Le n° 79, RUE PEYRONNET et angle de l'avenue du Château, n° 11, a été avec ses murs tout particulièrement démoli par les projectiles de la barricade des fédérés qui se trouvait au n° 50 de ladite rue et qui battait la barricade prise par les Versaillais et se trouvant à l'angle de la villa démolie.

Dès le n° 81, les maisons de la rue Peyronnet sont épargnées ainsi que sur la droite dès le n° 94, à l'angle du boulevard. C'est le spectacle le plus extraordinaire à contempler. Jusqu'aux numéros 79 et 92, désolation complète. Depuis là jusqu'à l'avenue des Saussaies, presque aucun dégât. Sur la terrasse du n° 81, trois superbes vases en porcelaine bleu et blanc sont restés intacts au milieu de la pluie des projectiles. C'est le même cas et le même genre de vases que j'ai aussi à signaler pour le chalet Lamartine à Passy ; là, deux vases aux angles de la galerie n'ont pas été touchés.

Les serres du n° 83 sont intactes. L'œil contemple avec admiration les superbes fleurs du jardin Pilloy, au n° 100, et les admirables massifs de géraniums du n° 85, chez M. Doucet, et n° 87, chez M. Legrand.

Au n° 104, chez M. Mayeux, on voit la fontaine de Louis-Philippe, provenant de l'ancien château de Neuilly, et remontée dans le jardin, qui, ainsi qu'une statue de la même provenance, n'ont pas reçu une seule ébréchure au milieu de la grêle des projectiles.

Cette propriété n'a pourtant pas joui d'une trop grande tranquillité ; plusieurs tombes dans le jardin attestent que deux gendarmes, un lignard et un fédéré y ont trouvé la mort.

Du n° 104, on voit avec surprise une cheminée du L° 102, chez M. Legrain, coupée par un obus et qui s'est couchée sur la partie inférieure, dirigeant le tuyau qui la termine comme un canon dans la direction de Courbevoie.

Il ne faut pas confondre ces numéros 81, 83, 85 avec les bicoques de construction récente numérotées de 75 à 85, qui obligeront à changer les premiers.

Les murs des jardins de la rue Peyronnet sont percés de meurtrières, les *dos d'âne* sont recouverts de sacs remplis de terre et formant des ouvertures.

La rue Peyronnet est complétement **en ruine**, mais le plus horriblement curieux à voir est la partie des n°ˢ 38 à 70, et 39 à 61. *Ce sont des ruines criblées.*

Dans le jardin du n° 68, des grands pins et autres arbres très-forts, dont les troncs et branches ont été hachés par les projectiles, méritent tout particulièrement d'être observés avec attention.

La belle MAISON THUILLANS, architecte, bâtiment artistique, orné de bustes et de sculptures, construite il y a un an à peine, se fait remarquer entre toutes par son élégance et la beauté des restes de la salle du premier, en ruine.

LA CHAPELLE PROTESTANTE, n° 36, rue Peyronnet, et 8, boulevard Inkermann, n'a reçu que trois obus dans la façade principale, et deux sur le côté ouest ; elle a échappé par miracle au désastre qui l'entoure.

LA MAISON HERVIEUX, superbe habitation à l'angle opposé à la chapelle, est complétement ruinée.

LA RUE DE CHEZY est en tout point la compagne des rues Peyronnet et Borghèse, il y a peu de différence entre toutes ces ruines.

LE ROND-POINT D'ORLÉANS ouvre la série des désastres de L'AVENUE DU ROULE ; je puis me dispenser d'entrer dans des détails : tout y est démoli, ruiné, incendié, dès le nº 45 à 125, — 133 jusqu'à la rue du Château, — 44 à 60. Rien n'y est réparable, il faudra mettre à bas tout ce qui se tient encore debout.

Les nºˢ 48 et 50 présentent, quant aux arbres de leurs jardins, le même aspect que la rue Borghèse. Les arbres de ces jolis parcs, datant d'avant 1848, ont été fauchés à la volée par des obus, tant les troncs que les branches.

Les deux magnifiques maisons nºˢ 2 et 4 de L'AVENUE SAINTE-FOY, bâtiments à cinq étages, sont complétement en ruine, sans incendie, mais démolies par obus et boulets de mitrailleuses. Nulle part on n'a tant fait usage de cet engin meurtrier. Le fils du concierge de M. Mayeux m'a montré un boisseau de ces petits projectiles gros comme des œufs ; ce sont, je crois, ceux des mitrailleuses dites américaines.

Les nºˢ 2 et 4, AVENUE SAINTE-FOY, étaient surnommés MAISONS DE LA RÉPUBLIQUE.

L'ancien bâtiment de la poste, situé tout à côté, ainsi que tout le reste de l'avenue, est incendié et criblé d'obus et de balles.

L'angle de l'avenue du Roule, nº 5, rue de l'Église, doit être remarqué.

Le clocher et la façade de l'église sont presque détruits ; c'est de là jusqu'au pont de Courbevoie que sont les plus grands désastres de l'avenue de Neuilly.

L'ARC DE TRIOMPHE DE L'ÉTOILE, que les communeux auraient aussi voulu faire sauter, n'a pas de trop grands dégâts, eu égard aux projectiles venus dans cette direction ; les quelques éclats sont très-réparables et prochainement on ne s'apercevra plus des blessures qu'il a reçues.

Que ces idées de destruction sont tristes ! Quelle injustice de vouloir mettre tout à bas, quand presque chacun a à se reprocher quelque coopération active ou passive aux désordres et aux faiblesses qui ont amené les désastres de 1870 !

Le peuple de Paris se déjuge trop souvent. N'est-ce pas l'opinion publique qui poussa le gouvernement de Louis-Philippe à réclamer les cendres du prisonnier de Sainte-Hélène? Le chef de la maison d'Orléans sentit très-bien qu'il y avait un sentiment de justice à satisfaire. Napoléon Ier avait été trompé par le gouvernement de l'Angleterre, il n'était pas juste de le laisser hors de la France. — Napoléon Ier était trop ambitieux, mais si le peuple parisien veut le renier, il doit enlever les noms des quais d'Austerlitz, de Valmy, de Jemmapes, des ponts d'Iéna, Austerlitz, des rues d'Aboukir, d'Erfurt, de Marengo, Montebello, Lubeck, tout ce qui rappelle une époque glorieuse.

Les courtisans du dernier Empereur lui ont fait commettre la faute d'enlever de la colonne Vendôme l'HOMME A LA REDINGOTE GRISE.

C'est celui-là qu'il faudrait y remettre et ne plus l'exiler à Courbevoie; personne ne serait blessé de le voir reparaître sur la colonne lorsqu'elle sera remontée.

Remettre le premier Empereur ne serait nullement une démonstration dynastique, ce serait un acte approuvé par ceux-là mêmes qui ont applaudi à l'enlèvement du *pain d'épices* des Tuileries, comme politique et surtout comme objet d'art.

Un souverain ne doit jamais s'élever de statue; qu'il laisse la postérité juge de ses mérites.

L'ASSEMBLÉE NATIONALE a décrété que la STATUE DE LA FRANCE serait placée sur la colonne Vendôme après sa réédification.

C'est une mauvaise idée.

Quelle France y placera-t-elle ·

La France de Louis XIV?

La France de Napoléon Ier ?

La France de Louis XVIII?

La France de 1870-71 humiliée ?

Une seule statue de la France est possible dans ce moment, celle qui, appelant tous ses enfants pour concourir au rétablissement de la grandeur du pays, serait placée, formant un beau groupe, au centre du beau pavillon, entre les Tuileries et le Louvre.

Si on faisait une statue de la France de Louis XIV, ce serait une démonstration bourbonnienne.

Une France de Napoléon Ier, c'est renouveler le plébiscite du 8 mai.

Une France de Louis XVIII, c'est fêter les Autrichiens, les Russes et les Prussiens, l'invasion des alliés.

Une seule statue est possible :

LA FRANCE RÉUNISSANT SES ENFANTS.

Ces enfants viennent de montrer à leurs représentants qu'ils peuvent compter sur leur ardent patriotisme par la magnifique réussite de la plus grande opération financière qu'on ait jamais vue sur la terre, et l'illustre homme d'Etat que les destinées de la France ont appelé au plus haut rang, vient de recevoir par ce vote de confiance la récompense justement méritée des grands services qu'il rend à sa patrie.

Paris, le 28 juin 1871.

JOHN MOTTU

1687-71 Paris. — Typ. A. Pougin, quai Voltaire, 13.